IMPRESSUM

© 2016 ZS Verlag GmbH
Türkenstraße 9
D-80333 München

ISBN: 978-3-89883-567-1

1. Auflage 2016

Projektleitung & Lektorat: Ulrike Kraus, Köln
Fotografie: siehe Bildnachweis S. 153
Layout: Claudia Hautkappe, München
Satz: Nicole Gehlen, Heidelberg
Herstellung: Peter Karg-Cordes
Producing: Jan Russok
Druck & Bindung: optimal media GmbH, Röbel

Die ZS Verlag GmbH ist ein Unternehmen der Edel AG, Hamburg.

www.zs-verlag.com
www.facebook.com/zs-verlag

JOHANNES B. KERNER

KOCHT!

*Am Herd
mit den Besten der Besten*

INHALT

Kochen und Genießen mit den Besten der Besten

Viele Jahre lang war ich als Sport- und Talkshowmoderator sehr gut ausgelastet. Doch ehe ich mich versah, wurde ich zusätzlich zum Moderator einer Kochshow. Viele Freundschaften der besten deutschsprachigen Fernsehköchinnen und -köche untereinander und mit mir sind bis heute geblieben, ebenso wie meine Leidenschaft für gutes Essen und Genuss.

Liebe Leserinnen und Leser,

es ist Ihr Lächeln, das bleibt. Bei all den guten Gedanken an meine Kochshow – die Zusammenarbeit mit großartigen Köchen, die Gespräche mit tollen Menschen, die fröhliche Stimmung am Set, die leckeren Gerüche im Studio, die sensationellen Geschmackserlebnisse – ist die Erinnerung an die Begeisterung in Ihren Gesichtern, wenn ich mit einem Probierlöffel auf Sie im Publikum zukam, die schönste von allen. Es ist ein großes Glück für mich, dass eine Sendung, die mir selbst solche Freude bereitet hat, von Ihnen so warmherzig und leidenschaftlich aufgenommen wurde. Tatsächlich begegnet mir und berührt mich Ihr Interesse auch heute noch: In all den Jahren, die seit der letzten Sendung vergangen sind, gibt es kaum eine Woche, in der ich keinen Fan treffe, sei es auf Flughäfen, bei Veranstaltungen, beim Einkaufen oder – passenderweise – auf dem Wochenmarkt. Fans unserer Kochshow sind immer Fans geblieben, vielleicht, weil es damals keine vergleichbare Sendung gab oder bis heute gibt. Vielleicht liegt es daran, dass man selten so nah dabei sein konnte, wenn kulinarische Meisterwerke entstehen, vielleicht daran, dass man so geballt selten fünf Gänge von verschiedenen Spitzenköchen serviert bekam, vielleicht aber auch nur daran, dass man für eine Stunde in eine Welt eintauchen konnte, in der es einfach nur um Genuss ging.

Ohne die vielen Anfragen von Fans dieser Show würden Sie dieses Kochbuch jetzt nicht in der Hand halten. Ich freue mich, hierfür noch einmal mit den besten Köchen Deutschlands zusammengearbeitet zu haben. Johann Lafer, Alfons Schuhbeck, Lea Linster und Co. verraten nicht nur ihre leckersten Rezepte, sondern erzählen auch, in welcher Form sie das Kochen geprägt hat und wie sie Meldungen über gesundheitsgefährdende Lebensmittel oder Schummeleien in Restaurants einschätzen. Ich bin stolz, Ihnen damit ein einzigartiges Gipfeltreffen an Kochkompetenz präsentieren zu dürfen.

Und wir lassen wieder aufleben, worum es mir und jeder einzelnen Köchin, jedem einzelnen Koch unserer Sendung bis heute geht: die Sinne zu schärfen für besondere Gaumenfreuden.

Ich freue mich, Ihre glücklichen Augen wieder zu sehen, ich freue mich, mit Ihnen wieder genießen zu dürfen.

Herzlichst Ihr

Johannes B. Kerner

DIE GESCHICHTE
DER SENDUNG

George Clooney bringt mich zum Kochen!

Erstens kommt es anders und zweitens als man denkt.
Wie aus einer ganz normalen Talkshow binnen weniger als
drei Tagen die erfolgreichste deutsche Kochshow wurde, in deren
Mitte ich als Moderator stand.

Jeder, der gern gut isst, wird mir zustimmen, dass die italienische Küche nicht zu Unrecht die beliebteste der Welt ist. In meiner Kochshow habe ich mir für diese Verallgemeinerung irgendwann einmal einen Rüffel geholt. Ich denke, er kam von Cornelia Poletto. Die Hamburgerin ist bestimmt eine der besten Köchinnen für italienische Küche – was allerdings nicht zwangsläufig am italienischen Nachnamen liegt – und das hat sie mich auch wissen lassen: Die italienische ist noch viel mehr als unsere deutsche Küche eine Küche der Regionen. Alleine, wie sich das Land klimatisch und geografisch von Nord nach Süd verändert – die Alpenregion ganz im Norden, Sizilien im Süden. Dort ist die Hauptstadt doppelt so weit entfernt wie die afrikanische Küste. Im Süden spürt man arabische Einflüsse. Jede Region hat ihre eigene Tradition, beeinflusst auch von den Nachbarregionen und den typischen Produkten der Gegend. In einem meiner Lieblingskochbücher wird sogar betont, dass in Norditalien früher wenig mit Olivenöl zubereitet wurde. Dort benutzte man traditionell Butter!

Wieder etwas gelernt. Und es wird Horst Lichter freuen, weil der doch so gerne Butter benutzt, dachte ich mir und schmunzelte, weil Cornelia an diesem Tag wieder in Bestform war – das war sie eigentlich immer. Ich fragte mich aber auch, was wohl die italienischen Spezialitäten sein mochten, die rund um den Comer See traditionell serviert werden. Ich muss gestehen, ich selbst war zuvor – trotz unzähliger Aufenthalte als Fußballfan und Sportreporter in Mailand – noch nie dort gewesen. Nicht einmal eine Stunde ist der See von Mailand entfernt und liegt nahe der Schweizer Grenze im Norden Italiens.

Warum ich beim Gedanken an regionale italienische Küche und meine Kochshow auf den Comer See komme? Ich sage nur: George Clooney. Der Hollywoodstar hat am See nicht nur eine Villa, sondern stand dort auch für Steven Soderberghs *Ocean's Twelve* vor der Kamera. Weder ohne George Clooney noch ohne *Ocean's Twelve* hätte es *Kerners Köche* jemals gegeben – klingt zu sehr nach PR-Fantasie? Ist aber die Wahrheit. Weil ich so oft danach gefragt wurde, lassen Sie mich noch einmal über den „Gründungsmythos" meiner Kochshow sprechen.

Im Winter 2004, damals moderierte ich viermal wöchentlich meine Talkshow im ZDF, war unsere Gästeauswahl breit gefächert: Meiner

*Elf Jahre, von 1998 bis 2009, lief die Talkshow **Johannes B. Kerner** im ZDF.*

Redaktion und mir ging es darum, interessante Geschichten zu erzählen – nicht nur von prominenten, sondern auch von unbekannten Menschen. Oft reagierten wir tagesaktuell, manchmal planten wir über Monate im Voraus. Man kann sagen: Je prominenter der Gast, desto länger stand sein Termin fest – Weltstars planen im Übrigen besonders lange im Voraus beziehungsweise lassen planen. Seit Monaten – also: Status Hollywood – fieberte meine Redaktion einem Ereignis ganz besonders entgegen: Am Donnerstag, den 16. Dezember 2004, wollten wir eine ganz außergewöhnliche Talkshow senden. Die Sendung sollte sich um den Kinostart von *Ocean's Twelve*, die Gangsterkomödie eines oscarprämierten Regisseurs mit jeder Menge Superstars, drehen. Am Vortag – Mittwoch, den 15. Dezember 2004 – hatten sich für die Deutschland-Premiere in Berlin neben dem Produzenten Jerry Weintraub auch die Schauspieler Brad Pitt, Matt Damon, Don Cheadle und George Clooney angekündigt. Wie üblich standen nicht alle Stars für einen einzigen exklusiven Auftritt in einer Show zur Verfügung. Wir wollten unbedingt George Clooney haben und hatten die Zusage seines Managements. Er sollte zusammen mit Don Cheadle auftreten. Julia Roberts war auch im Gespräch gewesen, stand wegen der Geburt ihrer Zwillinge Ende November allerdings doch nicht zur Verfügung. Pitt, das war im Vorfeld schon klar geworden, würde wahrscheinlich überhaupt keine Talkshow besuchen. Aber es sollte sich kurzfristig entscheiden, ob sich Matt Damon zu Clooney und Cheadle dazugesellen würde.

> „Ich wünsche George Clooney von Herzen, dass er von seinen Rückenproblemen inzwischen vollständig geheilt ist. Aber für das Thema ‚Kochen im deutschen Fernsehen‘ waren die Schmerzen im Grunde ein Glücksfall.“
>
> *Johannes B. Kerner*

Wichtig für unsere Planung war: Die Stars konnten wegen der Deutschland-Premiere am Potsdamer Platz nicht in unser Talkshowstudio nach Hamburg kommen, wir mussten dafür nach Berlin reisen. Das war insofern eine lösbare Aufgabe, als wir eine sogenannte „mobile Deko" hatten. Wir waren also in der Lage, unser Studio im Notfall auch mal in einer anderen Stadt aufzubauen, ohne dass der Fernsehzuschauer das wirklich mitbekam. Aber die Logistik des mobilen Studios und dessen Aufbau in der anderen Stadt waren auch mit größerem Aufwand verbunden. So konnten wir am Vortag keine weitere Talkshow in Hamburg für den gleichen Abend aufzeichnen. Denn wir hatten ja Talkshows von Dienstag bis Freitag, und zwar an jedem Abend.

Wir entschlossen uns also dazu, die Mittwochsausgabe bereits am Dienstag aufzuzeichnen, zusätzlich zu der von eben jenem Dienstagabend. Und für diese voraufgezeichnete Talkshow-Ausgabe hatten wir uns auch besondere Gäste ins Studio eingeladen. Die gesamte Sendung sollte ein Gipfeltreffen angesagter Fernsehköche unterschiedlicher Sender werden. Johann Lafer, zu diesem Zeitpunkt schon seit Jahren Urgestein des TV-Kochens, war regelmäßig im ZDF zu sehen.

Tim Mälzer – schon damals ein Star der Szene – war ein Jahr zuvor zum Senkrechtstarter aufgestiegen und unfassbar erfolgreich auf VOX zu sehen. Rainer Sass hatte seine eigene Sendung beim NDR. Ralf Zacherl kochte täglich auf ProSieben und Sarah Wiener war gerade erst wenige Wochen zuvor durch die ARD-Dokumentation *Abenteuer 1900 – Leben im Gutshaus* bundesweit bekannt geworden. Es sollte eine Gesprächsrunde über gesunde Ernährung, gute Produkte und leckeres Essen werden, über Kochen im Fernsehen und darüber, was man an den bevorstehenden Feiertagen so alles beachten muss, zumindest im Hinblick darauf, was auf den Tisch kommen sollte.

Doch dann kam am Tag der Aufzeichnung eben dieser Talkshow ein quasi schicksalsträchtiger Anruf, ohne den ich niemals zum Gastgeber einer Kochshow geworden wäre. Am Apparat war die Filmfirma von *Ocean's Twelve* und teilte uns mit, dass „George Clooney seine Reise nach Berlin kurzfristig wegen eines Bandscheibenvorfalls absagen muss und demnach nicht in Ihre Talkshow kommen kann …". Na bravo.

Zugegeben, so eine Absage fällt einem manchmal schwer zu glauben. Clooney krank? Aber selbst Hollywoodstars – sogar wenn sie einmal Fernseharzt in *Emergency Room* waren – sind eben Menschen. Erst viel später berichtete Clooney in Interviews von dieser Zeit, dass er sich 2004 bei den Dreharbeiten von *Syriana* an der Halswirbelsäule verletzt und lange unter den Folgen gelitten hatte. Schon in den USA hatte er deswegen Termine absagen müssen, aber es hatte immer geheißen, für die Termine in Deutschland würde er wieder fit werden. Denkste! Mit der Absage Clooneys hatte sich unsere Reise nach Berlin erledigt. Das hieß konkret: Wir standen vor einer Sendung ohne Gäste, die es zu füllen galt. Und das innerhalb von nicht einmal drei Tagen. Ich machte noch am selben Tag in der Redaktionskonferenz einen Vorschlag: „Wir zeichnen doch heute eine Talkshow mit fünf Fernsehköchen auf. Aber eben eine Gesprächsrunde. Was spricht dagegen, diese fünf Köche einfach direkt noch einmal einzuladen und sie das tun zu lassen, was sie am besten können – kochen?" Einige in der Runde guckten mich verdattert an. Dass wir kein Kochstudio hatten und nicht einmal drei Tage Zeit blieben, um das zu ändern, wäre natürlich Grund genug gewesen, die Idee scheitern zu lassen. Aber es gab auch diese Begeisterung in meinem Team, die letztendlich dazu führte, dass das vermeintlich Unmögliche möglich zu machen: Wir packten alle an. Dabei wurde Johann Lafer mit seiner jahrelangen Erfahrung zum ganz großen Geburtshelfer. Seine Kontakte und seine voll ausgestattete Studioküche im heimischen Guldental ermöglichten uns, dass wir überhaupt eine Chance hatten, es zu schaffen – Johann erzählt Ihnen auf Seite 15 selbst noch mehr darüber.

Als ich mich schließlich in die Talkshow mit den Köchen setzte, war mir klar, dass wir ja am Ende der Sendung zwingend auf das Kochen am nächsten Tag würden hinweisen müssen. Das war heikel, denn es war nach wie vor nicht abzuschätzen, ob das Ganze überhaupt realisierbar war. Aber alle zogen mit. Unser Studiodesigner, Florian Wieder, entwarf innerhalb kürzester Zeit die Kochinseln und fand Wege, wie aus dem Talkshowstudio eine Profiküche für fünf Köche und einen Moderator werden konnte. Und glauben Sie mir, die Fragen nach Frischwasser beziehungsweise – noch wichtiger – Abwasser stellt man sich nicht, wenn man in einem Studio eigentlich nur reden möchte. Das waren aber mit die größten Probleme, die es zu lösen galt. Die Kollegen vom Bühnenbau arbeiteten sofort rund um die Uhr. In zwei Nachtschichten wurde alles

Johann Lafer, Sarah Wiener, Tim Mälzer, Ralf Zacherl und Rainer Sass zu Gast in meiner Talkrunde im Dezember 2004.

13

bis zum Donnerstagabend der allerersten Ausgabe von *Kerners Köche* fertig. Und in ihrer Kreativität fand unser grandioses Team sogar Lösungen für die Wasserprobleme: Große Tanks unter den Waschbecken füllten die Schränke aus.

Parallel dazu galt es natürlich, den gesamten Ablauf der Show zu organisieren. Welcher Koch bereitet was zu? Natürlich mussten sich das die fünf Künstler erst einmal selbst überlegen. Und dann, als die Gerichte feststanden, kam es natürlich zu der Frage: Woher kommen die Zutaten? Wer besorgt das alles? Und womit bereiten wir das zu? Es sollte, so unsere Idee, ein Fünf-Gänge-Menü für die anstehenden Feiertage werden. Fünf Gänge, die aber für den Zuschauer nachkochbar sein sollten. Und – ganz wichtig – den einen Satz, der für das Kochen im Fernsehen bis dato so unentbehrlich schien, den sollte es nicht geben: „Ich hab da mal was vorbereitet." Keine Zwiebel sollte im Voraus klein geschnitten auf der Arbeitsfläche warten, kein roher Braten in den Ofen geschoben werden, um kurze Zeit später, wie von Geisterhand, auf einmal fertig aus dem Nachbarofen geholt zu werden. Alle fünf Gänge sollten während der Sendezeit von 65 Minuten tatsächlich und authentisch zubereitet werden. Der Zuschauer sollte live dabei sein, wie Vorspeise, Zwischengang, Hauptspeisen und Dessert entstehen.

Das waren jedenfalls meine Visionen von meiner allerersten Kochsendung, die ich zwei Tage später moderieren sollte und die ich allein dem Rücken von Hollywoodstar George Clooney zu verdanken hatte.

> „Welcher Koch bereitet was zu? Woher kommen die Zutaten? Wer besorgt das alles und womit bereiten wir es zu? Diese und viele andere Fragen mussten in Rekordzeit geklärt werden."
>
> *Johannes B. Kerner*

JOHANN LAFER

„Ich war mit Sarah Wiener, Rainer Sass, Tim Mälzer und Ralf Zacherl zu einer Talkshow von Johannes eingeladen und wir hatten auch wirklich großen Spaß daran, endlich einmal ausführlich über die Themen ‚Kochen‘ und ‚Ernährung‘ zu sprechen. Es gab vorher schon Gerüchte im Studio, dass eine ganz wichtige Sendung vom Johannes, zu der George Clooney eingeladen war, auf der Kippe stand. Nach der Talkshow kam die Gewissheit, dass die wohl ausfallen würde. Johannes fragte uns ganz spontan, ob wir uns nicht vorstellen könnten, in seiner Sendung zwei Tage später ein Weihnachtsmenü zu kochen, jeder von uns einen Gang. Fünf Gänge, die jeder Zuschauer dann Weihnachten zubereiten könnte, da in der Sendung gesagt werden würde, man könne die Rezepte ganz einfach per Postkarte oder E-Mail bestellen. Und Johannes stellte eine recht amüsante Frage: ‚Aber eine Kochshow machen – wie geht das überhaupt?‘

Klar war, alles musste improvisiert werden. Und so kam es, dass ich in meiner Kochschule anrief und sagte: ‚Ihr müsst alle gemeinsam in unserer Fernsehstudio-Küche alles zusammenpacken, was dort steht, Geschirr, Töpfe, Messer, Bestecke, alles – bis auf die Herde –, was man braucht, um eine Küche auszustatten, wobei … nicht eine Küche, es muss für fünf Küchen reichen. Und 130 Leute müssen verkostet werden können!‘ Schweigen am anderen Ende. Ich fügte hinzu: ‚Und Susi (die Leiterin meiner Kochschule), du musst sofort nach Hamburg kommen, dich hier mit zwei Kolleginnen aus der Requisite treffen und mit denen bis Donnerstag alles einkaufen, was wir für die fünf Gänge brauchen.‘ Meine Leute packten in einer Nachtschicht alles zusammen, sodass ein Umzugsunternehmen am nächsten Tag alles rechtzeitig nach Hamburg schaffen konnte.“

Sehr junger Mann zum Mitkochen gesucht

In der Show durfte ich viele kulinarische Highlights erleben. Mein Interesse an Kochen und leckerem Essen hat sich allerdings schon viel früher entwickelt.

B is heute werde ich auf Flughäfen, Wochenmärkten oder Tribünen von Fußballstadien auf das Kochen angesprochen, auf das wöchentliche Aufeinandertreffen von fünf tollen Köchen und mir mittendrin. Manche fragen: „Was haben Sie denn eigentlich für eine Beziehung zum Kochen? Was motiviert Sie dazu, neben Sportformaten und Talkshows auch noch eine Kochsendung zu moderieren?" Und einige derer, die diese Fragen stellen, meinen vielleicht und zu Recht kritisch: „Machen Sie eigentlich alles für Geld?"

Ich nehme diese Fragen ernst und möchte sie ernsthaft beantworten. Die Wahrheit ist: Ich bin dankbar dafür, in meinem Beruf das machen zu dürfen, was meinen Neigungen entspricht. Ich mag Sport. Ich mag gute Gespräche. Ich liebe gutes Essen. Und oftmals fällt alles ja zusammen: Denken Sie an gute Gespräche – das können auch Diskussionen über den derzeitigen Stand der Bundesliga sein – bei einem guten Abendessen … macht Sie das nicht auch glücklich?

Auch wenn die Show meinen Namen trug, habe ich immer versucht, nicht im Mittelpunkt zu stehen. Im Zentrum sollten die Köche, das Kochen und der Genuss stehen. Und nochmals kurz zur Erinnerung: Die erste Kochshow war ein absoluter Überraschungserfolg. Entstanden aus der Not heraus und

geboren quasi über Nacht. Es hatte schlichtweg niemand darüber nach-gedacht, dass die Kochsendung einen anderen Namen haben müsste als die Talkshow. Eine Redaktion kann – vor allem im Stress – eben auch nicht an alles denken. Zudem wäre es kaum machbar gewesen, innerhalb weniger Tage einen neuen Vorspann zu kreieren, also lief das Kochen unter dem Label *Johannes B. Kerner*. Und als die Kochshow zwei Mo-nate später wöchentlich auf Sendung ging, wurde sie zumindest intern immer *Kerners Köche* oder *Kerner kocht* genannt, obwohl ich letzteres ja nun wirklich nicht getan habe. *Kerner lässt kochen* wäre sinngemäß noch gegangen, hätte sich aber auch seltsam, wenn nicht gar schrecklich angehört. Ich ließ mich ja schließlich nicht bedienen oder mir während der Show die Füße massieren. Weil es trotz dieser internen Titel nicht um mich gehen sollte, stellte ich meine Affinität zum Essen, zum guten Geschmack und zum Genießen auch nicht in den Mittelpunkt. Für mich waren die Helden des Abends immer ganz klar die fünf Köche am Herd.

Ehrlich gesagt haben mich Fernsehköche schon immer fasziniert – schon als Kind. Vielleicht erinnern sich manche von Ihnen noch an den Kinderkochkurs mit dem Titel *Lirum, larum Löffelstiel?* Der lief, ich war damals neun Jahre alt, im ZDF. Das hört sich schon wieder nach einem PR-Gag oder Zufall an, aber so viele Sender gab es damals ja nun auch nicht. Ich war davon total begeistert. Und weil mich dieses Fernseh-ereignis so sehr fesselte, kaufte mir meine Mutter sogar noch das Be-gleit-Kochbuch, ein Ringbuch in Blau und Grau, auf dessen Titelseite ein Koch zu sehen war, der ein Ei per Hackentrick in eine Bratpfanne kickt

(kann ich leider heute noch nicht). Ich verschlang jede Fernsehfolge und blätterte jeden Abend im Buch. Das muss meine Mutter nachhaltig beein-druckt haben, jedenfalls meldete sie mich zu einem zehnwöchigen Koch-kurs im Bonner *Haus der Familie*, einer Einrichtung der Evangelischen Kirche, an. Was für ein großer und großzügiger Schritt für die Mutter

einer durch und durch katholischen Familie. Für einen kleinen Jungen könnte man sogar sagen: Das war für die damalige Zeit geradezu emanzipiert. Jedenfalls war das eine tolle Sache und dieser ganz evangelisch-lutherische Kochkurs hat meine Lust am Kochen erst so richtig geweckt.

Natürlich erinnere ich mich noch an mein erstes richtiges Gericht. Nun ja, Gericht ist vielleicht etwas übermütig formuliert, es war eine Art Zimtschnecke, aber ohne Rosinen, die Kinder ja bekanntlich so lieben wie Hausaufgaben. Sie war krumm. Sie war schief. Sie war zu lange im Ofen gewesen. Sie war zu hart. Sie war sensationell. Denn sie war MEIN Werk. Es war die Zimtschnecke eines neunjährigen Katholiken in einer evangelischen Einrichtung mit ZDF-Kinderkochkurs-Leidenschaft. Der heimliche Höhepunkt eines jeden Kochkurstags war jedoch die Abholung durch die Eltern – ganz typisch für die 70er-Jahre natürlich in der Mehrzahl von den Müttern – verbunden mit der Verkostung der an dem Tag zubereiteten Dinge. Ich werde den Gesichtsausdruck meiner Mutter nie vergessen, als sie meine etwas verunglückt geformte, harte Schnecke begutachtete. „Warte ab, bis du sie probiert hast!" Ich konnte es kaum erwarten, ihre Meinung zu hören, nachdem sie hineingebissen hatte. „Etwas krumm und schief. Und es fehlen die Rosinen …" Mein Herz klopfte vor Aufregung. „Aber … lecker!" Ich grinste. Diese Worte meiner Mutter waren für mich das größte Lob.

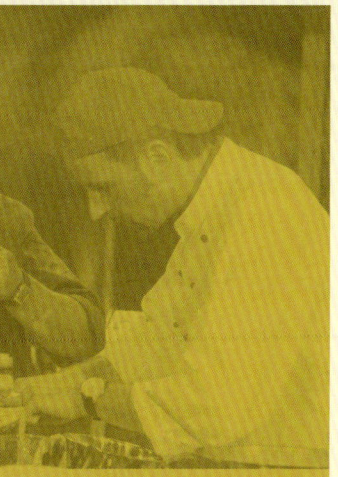

Kerners Köche –
Anekdoten
und Geschichten

Fünf sind nicht genug

Es ist wie im Fußball. Du hast eine tolle Stammformation gefunden, doch plötzlich fällt ein Spieler aus. Was tun? Starke Spieler drängen aufs Spielfeld. Und am Ende der Saison hast du gar keine echte Stammformation mehr, weil alle so gut gespielt haben.

U nsere Kochshow war fast nie live. Das wäre auch logistisch nicht machbar gewesen. Wir haben also meist zwei oder drei Tage, an denen wir keine Talkshow hatten, in Folge drei Kochsendungen pro Tag aufgezeichnet. Also meistens Freitag, Samstag und Sonntag. So mussten wir uns immer ungefähr alle zwei Monate treffen, um neue Kochshows aufzuzeichnen. Nach etwa einem Dreivierteljahr stellte sich dabei heraus, dass es immer schwieriger wurde, unsere fünf Stamm-Köche zusammenzubekommen. Man darf nicht vergessen: Rainer Sass, der mit seiner norddeutschen Kodderschnauze immer für viele launig-laute Einwürfe sorgte, hatte als Fernsehkoch gleich mehrere Sendungen im NDR zu füllen, war aber kein Profikoch, weswegen er sich auch noch um seine Versicherungsagentur kümmern musste. Tim Mälzer und Johann Lafer waren wie Ralf Zacherl schon große Fernsehstars, hatten auch ihre eigenen Restaurants und Unternehmen. Und Sarah Wiener, deren Firma bei vielen großen Kinoproduktionen erste Wahl als Caterer war, hatte nebenbei auch mehrere Restaurants in Berlin. Doch besonders Tim musste für seine Umtriebigkeit und den damit verbundenen Stress im Sommer 2006 Tribut zollen und bat, ihn das eine oder andere Mal vielleicht herauszulassen, was wir natürlich respektierten. Dem *Spiegel* sagte er später über diese Zeit einmal: „Ich war komplett überarbeitet. Totaler Burn-out.“[1] Er fühlte sich, als hätte man ihm „die Stromkabel durchgeschnitten“[2].

Wir mussten also überlegen, wie es mit *Kerners Köchen* weitergehen konnte. Zuerst suchten wir natürlich vor allem nach Köchen mit Fernseherfahrung. Einem Redakteur war im Regionalprogramm des WDR ein gewisser Horst Lichter aufgefallen. Den sollten wir uns einmal anschauen, der sei vorlaut und lustig. Also luden wir Horst ein, als Rainer nicht kommen konnte. Und: Wir waren begeistert. Was für ein Entertainer – einfach so, authentisch aus dem Bauch heraus. Horst war spontan, schnell, selbstironisch. Das ist eine brillante Kombination. Zudem war er bescheiden, ja ein Vertreter des Understatements. In der ersten Show, an der er teilnahm, hatte man richtig das Gefühl, er könne sein Glück gar nicht fassen, neben solchen Küchenstars zu stehen. Horsts Erinnerungen dazu lesen Sie auf Seite 95. Und ich kann Ihnen sagen, dass ich stolz vor dem Fernseher saß, als ich nur zwei Jahre später Horst an der Seite von Johann und Sarah bei Thomas Gottschalk auf dem *Wetten, dass..?*-Sofa sitzen sah, dem damals bedeutendsten Sitzmöbel im deutschsprachigen Unterhaltungsfernsehen. Wie schön, dass wir Teil des Anschubs dieser tollen Karriere sein durften.

Lange wurde in der Redaktion darüber diskutiert, ob man nicht einmal den Urbayern Alfons Schuhbeck in die Show einladen sollte. Alfons war ja bereits seit 1993 mit seinen Kochsendungen im Fernsehen zu sehen. Aber eben nur im bayerischen Dritten. Und mit einschlägiger Mundart. Das konnten sich einige von uns bundesweit nur schlecht vorstellen. Würden Zuschauer in Berlin oder Ostfriesland da mitgehen? Nach einem flammenden Plädoyer unseres Chefs vom Dienst luden wir Alfons ein und waren begeistert. Später einmal sagte er mir, er habe ja schon lange vor unserer Sendung Fernsehen gemacht. Aber *Kerners Köche* habe für einen unglaublichen Schub seiner Popularität gesorgt. Und das im ganzen Land.

Es war gut zu merken, dass sich die Zuschauer über die neue Vielfalt der Köche freuten, die von nun ab bei uns waren. Und dass sie sich auch an Mundarten nicht störten. Hätte sonst Alexander Herrmann eine Chance gehabt? Er war uns als Fernsehkoch aufgefallen, da er sich lange Jahre Kochduelle auf VOX geliefert hatte und dabei unheimlich smart über den Schirm kam. Ein Franke mit Charme. Auch aus dem Privatfernsehen, aber vor allem wegen der Arbeit in ihren hervorragenden Restaurants bekannt, kamen Kolja Kleeberg und Mario Kotaska zu regelmäßigen Einsätzen bei uns. Kolja, das stellte sich sehr schnell heraus, ist ja bei weitem eher als Multikünstler zu bezeichnen. Dass er am Herd genauso kreativ ist wie an der Gitarre, war wirklich ein Gewinn für die Show. Kolja war sich nicht zu schade, im Rahmen einer kleinen Weihnachtsfeier von uns ein ganzes Konzert zu geben. In der Schweiz war Andreas C. Studer mit seiner Sendung *al dente* überaus erfolgreich und präsentierte nun bei uns auch den deutschen Zuschauern regelmäßig sein Können. Eine weitere Rolle bei unseren Einladungen an Köche spielten oft auch ihre Kochbücher oder ihr außergewöhnliches Talent, ihre individuelle Leistung, die sie von anderen abhob. Frank Rosin machte zum Beispiel als Sternekoch im Ruhrgebiet Furore. Christian Lohse hob die französische Küche in Deutschland gerade auf ein neues Level. Zweimal war er bei uns, intern wurde er wegen seiner Kochjacke und seiner scharfen Zunge „Der schwarze Abt" genannt. Ich hätte diesen mit einem Stern ausgezeichneten Koch gerne öfter gesehen, er jedoch machte sich rar. Schade, aber verständlich, denn er konzentrierte sich darauf, den zweiten *Michelin*-Stern zu „erkochen". Mit Erfolg: Er bekam ihn im November 2007. Bei Johannes King im *Söl'ring Hof* auf Sylt einen Tisch zu bekommen, war damals schon schwierig. Ihn in die Sendung zu bekommen, ebenso. Dass er uns besuchte, war eine sich für uns und die Zuschauer lohnende Ehre. Auch der Stern des jungen Nelson Müller begann gerade aufzugehen, wenn er ihn auch erst später verliehen bekam. Dass wir mit Heinz Winkler und Dieter Müller die erste Liga der deutschen Drei-Sterne-Köche für Gastauftritte gewinnen konnten, war wie ein Ritterschlag für Zuschauer und Sendung. Nur eine Stelle war immer besonders schwer zu besetzen: die Frau im Team. Tatsächlich sind Frauen

„Mein Auftritt bei *Kerners Köche* war in der Tat meine allererste richtige Fernsehshow. Dies hatte meine Managerin für mich arrangiert. Ich war wahnsinnig aufgeregt und alle – Zuschauer wie Köche – blickten natürlich mit Skepsis auf den ‚Neuen'! Aber in der Show habe ich selbst für mich noch einmal festgestellt, dass ich Vollblutkoch durch und durch bin. Aus Zweiflern wurden Freunde und wir sind noch heute wie eine große Familie, was in der Branche nicht immer üblich ist."

Nelson Müller

27

KOLJA  KLEEBERG

„Kerners Köche war für mich, auch als ich vor meiner ersten Einladung noch Zuschauer und nicht Teil des Köche-Teams war, die Kochsendung im Fernsehen, die die größte Berechtigung hatte, auch nur eine Sendeminute zu bekommen. Und das hat auch einen leicht zu erklärenden Grund. Sie war grundlegend einfach. Und sie war schlüssig. Als Koch konnte man, je nach Position, recht genau ausrechnen, wie viel Zeit man für sein Gericht hatte. Und man wusste genau, dass man sich nicht unter Zuhilfenahme von Tricks ans Ziel mogeln konnte, weil ja nichts vorbereitet werden durfte und konnte. Man musste also sein gesamtes Gericht auch wirklich vor laufender Kamera zubereiten. In ganz seltenen Fällen kam man da auch mal ins Schwitzen. Ich hatte einmal soufflierten Topfenschmarrn gemacht, er war herrlich aufgegangen, geradezu perfekt. Als letzten Schritt wollte ich ihn noch gratinieren. Also kam Puderzucker drauf und der Schmarrn in den Ofen. Während ich die Klappe schloss, rief Johannes uns zum Probieren des Gerichts eines Kollegen zusammen und ich vergaß die Zeit und den Schmarrn. Bis Johann nachdenklich an meinem Ofen stand und sagte: ‚Kolja, willst du das wirklich so tiefschwarz haben oben drauf?‘ Der Schmarrn war nicht mehr zu retten.

Sowieso: Sich als Sternekoch dem Urteil von vier Kollegen plus Johannes zu stellen, das war schon mit Anspannung verbunden. Weil auch jedem Teilnehmer klar war: Hier muss ehrlich gesprochen werden. Das hat oft dazu geführt, dass man mit vor Stolz geschwellter Brust durch die Reihen stolzierte oder, ich gebe es offen zu, in ganz seltenen Fällen auch so richtig genervt war. Das Problem war ja: Manchmal hast du gemerkt: Das wird heute irgendwie nichts. Vielleicht Tagesform, vielleicht hatte man sich bei der Hitzeentwicklung im Ofen verschätzt, die dann doch anders war, als man es von seiner Profiküche kannte. Es sind manchmal Kleinigkeiten, die so etwas entscheiden.

Und dann weißt du: Hier sind Kollegen mit einer solch großen Fach-kenntnis, die wissen genau, was sie zu kritisieren haben. Doch das war immer Teil der Anspannung und Spannung. Und wenn dann Johannes mit seinem guten Geschmack sagte: ,Also ich weiß nicht, was ihr habt, mir schmeckt's!', dann ging man glücklich aus der Sendung.

Johannes hat mich sowieso oft beeindruckt. Ich hatte einmal als Nach-tisch Waffeln mit Senf-Erdbeeren gemacht und da wir klare Anweisung hatten, dass wir Produkt- oder Firmennamen aus werblichen Gründen nicht nennen durften, kam ich bei Johannes Nachfrage, ob es sich um einen speziellen Senf handeln würde, ordentlich ins Schwitzen. ,Einen E-E-E-Elefantensenf!', war stotternd das Erste, das mir einfiel, um keine Marke zu nennen. ,Einen WAS?', fragte Johannes zurück und ich wiederholte meine depperte Antwort. ,Das musst du mir erklären, das habe ich noch nie gehört!', sagte Johannes. Und ich faselte noch etwas von wilden afrikanischen Tieren und davon, was man sich so alles auf einer Safari angucken sollte, bis ich schließlich flüsterte: ,Ich nehme Löwensenf.'"

in der Spitzengastronomie unterrepräsentiert. Umso schöner, dass in Hamburg gerade eine Köchin namens Cornelia Poletto mit ihrem ersten Stern für Aufmerksamkeit sorgte und neugierig war, einmal und von da ab sehr oft zu uns zu kommen. Ihr allererster Satz beim Premierenauftritt war, ich werde es nie vergessen: „Entschuldigung, hat mal jemand ein Pflaster?" Ein lässiger Einstieg. In ihrer ersten Fernsehkochshow neben all den Küchenstars musste sie als Erstes um ein Pflaster bitten. Sie musste selbst lachen. Und wir lachten immer viel mit ihr.

Aufgrund ihrer Kolumne in der *Brigitte* wurden wir zudem auf Lea Linster aufmerksam. Und diese quirlige Frau mit dem kecken französischen Akzent bereicherte die Sendung wie auch mein Privatleben. Denn ihr Lamm „Bocuse d'Or" (Rezept siehe Seite 100/101), mit dem sie 1989 den wichtigsten internationalen Kochpreis gleichen Namens gewann, halte ich für eines der besten Gerichte, das je bei uns in der Show und später eben oft bei mir zu Hause zubereitet wurde. Sie ist übrigens auch die Einzige, der wir ein eigenes Möbelstück tischlern mussten. Einen kleinen Hocker, mit dem die großartige Lea, 163 cm groß, eine Chance hatte, auch an die hinteren Kochplatten zu kommen. Neben Jamie Oliver machten noch andere internationale Fernsehköche Station in Hamburg. Tina Nordström aus Schweden oder der Tunesier Rafik Tlatli, der als Zwillingsbruder von Johann auf jeden Maskenball hätte gehen können – ganz ohne Maske. Sehr spannend auch Sohyi Kim, geboren in Südkorea, die mit 19 Jahren nach Wien kam und dort für viel Furore in der Gastronomie sorgte. Ich könnte noch viele aufzählen, die bei uns waren. Aus dem anfänglichen Fünf-Mann-Betrieb des Anfangsjahrs war so etwas wie der Treffpunkt der besten deutschsprachigen und auch so mancher internationaler Köche geworden.

„Meine alleralererste Sendung bei Johannes werde ich nie vergessen. Ich war super aufgeregt, habe einen Kartoffel-Gurken-Salat mit Räucheraal gemacht und hatte bis dahin noch nie ein Wort im TV gesprochen. Mein erster Satz war: ‚Entschuldigung, hat mal jemand ein Pflaster?' Ich hatte mir nämlich gleich zu Anfang erst einmal schön in den Finger geschnitten."

Cornelia Poletto

Der Weltstar zu Gast

Im Laufe meiner Berufsjahre habe ich viele Superstars kennenlernen dürfen. Oft eilte ihnen das Vorurteil voraus, im Umgang besonders schwierig zu sein, weil sie in dem Bewusstsein leben, auf der ganzen Welt bekannt zu sein. Wenige waren so lässige Typen wie der vielleicht erfolgreichste Fernsehkoch des Erdballs.

S tellen Sie sich für einen Moment vor, Sie wären Angelina Jolie. Oder Justin Bieber. Oder Manuel Neuer. Egal, wo Sie auf diesem Planeten aus dem Flugzeug, dem Taxi oder der Hoteldrehtür kämen, Sie würden erkannt werden. Ganz ohne Namensschild auf dem Revers. Egal, ob in Sydney beim Sonnenbad am Bondi Beach, beim Lachsfischen in Nord-Norwegen, beim Pilzesammeln im Teutoburger Wald oder beim Sneaker-Shopping in New York City. Und das Ganze hätte nur einen einzigen, aber dafür sehr einfachen Grund: Weil Sie ein verdammter Weltstar sind. Vielleicht, weil Ihre Fernsehsendungen in mehr als 50 Ländern auf der Welt gezeigt werden oder Ihre Bücher in unzähligen Sprachen der Erde in Buchhandlungen von Kapstadt bis Tromsø, von Hawaii bis Wellington ausliegen (also in östliche Richtung gesehen, westwärts hält sich die Anzahl der Buchhandlungen dann doch in Grenzen). Weil Sie inzwischen fast 5 Millionen Follower auf Twitter haben. Und weil Sie ein Genre geprägt haben wie kein zweiter Ihres Fachs auf Erden zuvor. Das Genre „*Fernsehkoch*".

Ich muss sagen, dass wir uns geehrt fühlten, diesen Superstar namens Jamie Oliver zweimal in der Show gehabt zu haben. Der erste beider Auftritte fand im Grunde nur statt, weil Tim Mälzer, der – wie schon erwähnt – zum festen Anfangsensemble von *Kerners Köchen* gehörte, sich dahintergeklemmt hatte. Dass beide Köche sich kennen sollten, war ja so ein allgemeiner Schnack, wie man in Hamburg sagt. Böse Spötter behaupteten: „Klar, die haben beide in derselben Stadt gearbeitet, aber bei über 6.000 Restaurants in London – Pubs nicht mitgezählt – hat das ja noch nicht viel zu bedeuten. Und wer sagt überhaupt, dass sie zur selben Zeit dort gearbeitet haben?" Oder: „Das ist eine PR-Geschichte, weil der Deutsche – also Tim – versucht, so erfolgreich zu werden wie der Star aus England – also Jamie." Weit gefehlt. *The one and only truth is*: Beide arbeiteten tatsächlich im Londoner *Neal Street Restaurant* zur selben Zeit zusammen. Auf verschiedenen Posten, aber „der Deutsche mit den blauen

„Eines kann ich versichern: Tim Mälzer und Jamie Oliver sind wirklich richtig gute Buddies. Es war allein schon eine Freude, ihre Freundschaft Backstage zu erleben."

Johannes B. Kerner

Haaren" (O-Ton Jamie über Tim) und der spätere „Naked Chef" haben sich sofort gut verstanden. Übrigens, um hier Missverständnissen vorzubeugen beziehungsweise diese aus dem Weg zu räumen: Jamie stand nie nackt vor der Kamera. *Naked Chef* war der Titel einer Sendung und beschreibt die puristische, also „nackte" Kochweise des Engländers. Zwei Jahre zuvor hatte Tim im Londoner Hotel *Ritz* in der Küche gestanden – und damit eine Top-Adresse im Lebenslauf stehen. Aber diese Jahre im *Ritz* waren, so sagte Tim einmal, auch Jahre, die ihn zermürbten, weshalb es ihn in den Kult- und Szene-Italiener *Neal Street Restaurant* zog. Und dort wurden sie dann tatsächlich enge Freunde.

Als ich Tim beim Absacker nach einer Show sagte, welch großer Traum es sei, ihn UND Jamie einmal in unsere Kochshow zu bekommen, sagte er nur: „Was? Wie soll das geh'n? Der is'n verdammter Weltstar, Digger! Aber ich versuch's." Tim eben. Deswegen MUSS man ihn lieben. Deswegen UND weil Tim Wort hielt. Sie wissen ja schon von der Clooney-Geschichte am Anfang des Buchs: Mit Weltstars muss man lange im Voraus planen und sehr geduldig sein. Monatelang hieß es aus dem Mund von Tim: „Nee, der eröffnet gerade ein Restaurant in Australien ...", „der promoted 'n Buch in den Staaten ..." oder „der macht Fotos für sein neues Buch in Italien ..." Doch im Sommer 2005 kam die Überraschung. Tim sagte: „Der kommt. Im Oktober oder November. Aber er will nicht zu fünft kochen. Nur er und ich. So 'n feines Kumpels-Kochen!" Weltstar, Extrawünsche, aber ohne Frage: gebongt. Das machen wir.

Es war nicht nur wegen der Zweier-Besetzung und der leckeren Gerichte, die beide kochten, eine außergewöhnliche Sendung. Zuerst einmal kam Jamie mit blauem Auge, aber ohne Starallüren im Studio an. Lässiger Typ eben. Und als ich ihn im November 2005 vor der Aufzeich-

> „Wenn man, wie ich, gern kocht und auch das ein oder andere Kochbuch im Regal stehen hat, dann ist die Wahrscheinlichkeit groß, dass sich darunter auch Bücher von Jamie Oliver finden. Ich muss sagen, dass seine Gerichte wirklich auch für Anfänger simpel zuzubereiten sind und dabei immer so viel hermachen. Es gibt ein Rezept von ihm, das im Grunde nur aus Joghurt, Blaubeerkonfitüre und Likör besteht. Ein schlichter, aber großartiger Genuss."
>
> *Johannes B. Kerner*

nung traf, wunderte ich mich nicht mehr, warum er und Tim auf einer Wellenlänge waren. Mit Abheben hat es Tim nämlich auch nicht so. Ein weiterer Grund, für den ich ihn schätze.

Jamie machte ein gebratenes Rindercarpaccio, Tim Thunfischtatar mit Ziegenkäse gratiniert, Jamie Wolfsbarsch in der Tüte, Tim südostasiatische Laksa. Dazu gab es von beiden einen Nachtisch: von Jamie Mini-Schokoladenkuchen und von Tim Arme Ritter vom Honigkuchen mit karamellisiertem Obst und Pfeffer-Eis. Klingt lecker? War lecker. Jamie und Tim waren in Topform. Auf meine Frage, wo sich Tim und er kennengelernt hätten, antwortete Jamie schneller, als der Übersetzer übersetzen konnte: „In einem Transvestiten-Club!" Muss ich mehr erzählen? Die Stimmung im Studio war großartig. Jamie amüsierte sich trotz des blauen Auges, das er mit „ich bin vor ein paar Tagen um drei Uhr nachts zu schnell aufgestanden, ausgerutscht und dusselig aufgeschlagen … leider nichts Glamouröses. Ich weiß, es würde sich besser anhören, wenn ich sagen würde, Tim hätte mir bei unserem Wiedersehen eine reingehauen" erklärte. Haben Sie schon genug von den Jamie-Oliver-Anekdoten? Eine habe ich noch für Sie. Und glauben Sie mir: Es traf mich ohne Vorwarnung.

> „Natürlich gehören Nase und Zunge eines Kochs zu seinen wichtigsten Werkzeugen. Dass ich eines von Jamies Werkzeugen an jenem Tag kennenlernen würde, hatte ich mir allerdings im Vorwege nicht ausgemalt."
>
> *Johannes B. Kerner*

Ich sprach Jamie nämlich darauf an, dass ich in der Vorbereitung zur Sendung gelesen hätte, er habe einmal eine deutsche Freundin gehabt. Noch bevor ich mich versah, sagte er: „Stimmt, die hieß Helga, hatte große Brüste und war meine allererste Freundin. Sie war auch die Erste, die ich küssen durfte. Ich war ein kleiner 13-Jähriger und sie ein paar Köpfe größer, weswegen kam ich gut an ihre Möpse. Während wir zu *China in your Hands* von T'Pau tanzten, schnappte ich sie und …" Tja. Während er das sagte, schnappte er sich meinen Kopf, zog ihn zu sich heran und küsste mich unvergleichlich (woher sollte der Vergleich auch kommen, Lea lernte ich erst später kennen) auf den Mund. „Helga sagte immer, ich küsse wie eine Autowaschanlage! Wenn du Helga triffst, dann sag ihr doch bitte, dass ich jetzt ein besserer Küsser bin, Johannes!" Ich musste lachen. Hatte mich gerade Jamie Oliver geknutscht? Schock hin, Überraschungs-

36

moment her, es war in vielerlei Hinsicht eine ganz besondere Sendung. Und ich glaube, dass es Jamie auch Spaß gemacht hat (jetzt nicht, weil ich so gut küssen konnte wie Helga), denn zwei Jahre später meldete sich sein Büro bei uns. Jamie hätte Lust, mal wieder bei uns mitzukochen. Diesmal auch gerne als einer von fünf Köchen, ganz normal also, *naked chef down to earth*. An der Seite von Mario, Horst – wie es ihm schmeckte, lesen Sie in seinem Fragebogen

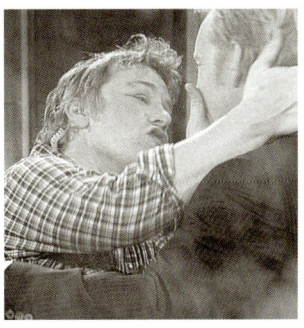

auf Seite 95 –, Alfons und Sarah bereitete er heiß geräucherten Lachs in der Keksdose zu. Dieses Mal ohne blaues Auge, aber erneut ohne Starallüren. *What a man*.

Dem Küchenchef, dem Küchenchef, dem ging was in der Küche schief

Irren ist menschlich und jeder macht Fehler. Sätze, die ich schon zu meiner Schulzeit das eine oder andere Mal gehört habe. Dass aber auch absolute Könner und Perfektionisten vor Fehlern nicht gefeit sind, sollte jeden beruhigen, dem am heimischen Herd schon einmal etwas gründlich misslungen ist.

Manchmal war es sehr abenteuerlich, was da so alles im Studio geschah. Das einschneidende Erlebnis von Cornelias erstem Einsatz habe ich bereits an anderer Stelle erwähnt. Profiköche sagen dann immer sehr schnell, dass man sich eigentlich nur dann richtig schneidet, wenn das Messer stumpf ist. Wie oft machten die elektrischen Blitzhacker ihrem Namen keine Ehre? Ich sehe Johann, Horst, Alfons und Co. immer mal wieder vor meinem geistigen Auge, die Küchenmaschine wie einen Cocktailshaker hochhebend und schüttelnd, um alles so zu verteilen, dass die Messer wieder zerkleinern konnten. Die elektrische Leitung wie eine Nabelschnur, die am Tresen in der Steckdose hing. Einmal hatte Horst so viele Apfelstücke in die Maschine gesteckt, dass selbst sein kräftigstes Shaken nichts mehr half – die Messer blieben im Granny Smith verkeilt. Apropos Horst: Horst sagte einmal angesichts eines seiner Desserts über sich selbst, er sei der Meister des flachsten Soufflés aller Zeiten.

Zwischen Kolja, dem gerade die Milch auf dem Herd übergekocht war, und mir gab es einmal einen Dialog, bei dem man zwischen den Zeilen hören konnte, wie sehr es einen Perfektionisten mit Sterneeintrag nervt, wenn so etwas vor laufender Kamera geschieht. Ich fragte ihn, ob es ein Problem sei, wenn die Damen und Herren vom *Michelin* sehen würden, dass er es geschafft hatte, Milch zum Überkochen zu bringen. Er antwortete trocken: „Sollte der *Michelin* diese Sendung sehen, wäre das ein Problem!"

Sternekoch Mario wiederum verschätzte sich einmal gewaltig darin, wie sich die Hitze im Profi-Ofen seines Sternerestaurants von unserem Haushaltsgerät unterschied: Der Saint Pierre oder auch Sankt Petersfisch, den er nahezu im Ganzen in den Ofen gesperrt hatte, erwies sich selbst für Liebhaber des glasig gegarten Fischs als größtenteils unterkühlt bis roh. Auch wenn die Kritik der anderen Köche um ihn herum eher sanft ausfiel, war Mario doch schon sehr geknickt.

Dass Johann einmal bewies, wie sinnvoll es gewesen wäre, die Gläser mit Salz und Zucker auch namentlich zu kennzeichnen, können Sie auf Seite 55 f. nachlesen.

„Wenn trotz des Einsatzes eines Ofens der Fisch hinterher noch roh wie Sushi ist, muss man den Ursachen auf den Grund gehen. War der Ofen zu kalt, der Fisch zu groß oder die Zeit, die er im Ofen verbracht hat, zu kurz? Oder vielleicht von allem etwas?"

Johannes B. Kerner

Was ich mit all diesen kleinen, wirr aneinandergereihten Beispielen sagen will: Gott sei Dank, dass es in dieser Sendung nie um Perfektion ging! Was in vielen anderen Kochshows herausgeschnitten worden wäre, war bei uns Teil des 65-Minuten-Zeit-alles-wird-gezeigt-Prinzips. Und das ist, glaube ich, für den Zuschauer von großer Wichtigkeit. Trotz Kochausbildung, Stationen in den bedeutendsten Restaurants Europas, trotz jahrelanger Erfahrung in der Top-Gastronomie: Die Fünf da im Fernsehen, die machen auch Fehler. Und wenn die das dürfen, dann darf ich das auch. Kochen ist immer auch ein wenig *try and error*. Wenn du nicht gelernt hast, wie es sich anfühlt, etwas komplett zu versemmeln, dann kannst du auch nicht lernen, wie du es das nächste Mal besser machen kannst.

Ich selbst habe einmal für einen Geburtstag in der Familie eine große Portion Bolognese gemacht, ausreichend für zwölf Gäste. Ein riesiger Topf, übrigens nach dem für mich leckersten Bolognese-Rezept überhaupt aus einem Jamie-Oliver-Buch. Fragen Sie mich nicht, wieso, aber im Topf landete statt einer Flasche Rotwein ein roter Johannisbeerlikör. Fragen Sie auch nicht, wieso ich das nicht gerochen habe und wieso ich danach nicht noch einmal probiert habe. Ich weiß noch, dass mich die Farbe kurz stutzig machte. Im Rezept heißt es, dass man nach

dem Rotwein nur noch Oregano, Dosentomaten und Tomatenmark dazutun solle, und nach kurzem Aufkochen wandert die Bolognese für 75 Minuten in den Ofen. Zum Servieren kommen noch Basilikumblätter dazu. Ich habe also erst knapp eineinhalb Stunden später bemerkt, dass ich für die gleich kommenden Gäste eine sehr große Menge ungenießbarer Nudelsauce gemacht hatte. Und das war sie wirklich. Die nicht vorhandenen Vorräte im Haus ließen kein erneutes Bolognese-Kochen mehr zu, es hätte ja eh zu lange gedauert. Ich war unfassbar genervt und schwor mir, in Zukunft einmal mehr nach den Zwischenschritten zu probieren. Ratlos guckte ich mich in meiner Küche um. Klar, da lagen noch die Packungen Spaghetti, die ich gekocht hätte, wenn die Gäste am Tisch saßen. Was exakt in einer Viertelstunde der Fall sein würde. Da die Jamie-Oliver-Bolognese beim Servieren noch einmal mit frisch gehackten Basilikumblättern bestreut wird, stand da auch ein großer Topf Basilikum. Der Block Parmigiano Reggiano lag auf dem Küchentisch. Mir kam ganz ohne Telefonjoker eine naheliegende Idee. Ich holte zwei Knoblauchzehen aus dem Kühl- und die Flasche Olivenöl bester Qualität aus dem Küchenschrank (ich habe immer ein preiswertes zum Braten und ein fantastisch schmeckendes – fantastisch

„Auf einmal brannte meine Pfanne und Johann goss dann auch noch einfach Wasser drauf, sodass es erst so richtig losbrannte.“

Sarah Wiener

41

auch im Preis – für die Momente, in denen man das Öl nicht erhitzen will) und wusste, nun müsste ich nur noch dieses eine entscheidende Gerät aus den Tiefen meines „Geräte, die ich selten brauche"-Schranks zu kramen. Also kniete ich mich hinunter und räumte den Fleischwolf zur Seite. Das Folienschweißgerät. Die elektrische Saftpresse. Den Raclettegrill, der wie ein U-Boot immer nur zu Silvester auftauchte. Und da stand er vor mir … der elektrische Blitzhacker. Ich war noch zehn Minuten vom Eintreffen der Gäste und nur wenige Sekunden von einem zugegebenermaßen pinienkernlosen Pesto alla genovese entfernt! Also packte ich alles in den Blitzhacker und verarbeitete die Zutaten blitzschnell zu einer duftenden Nudelsauce, ohne dass sich irgendetwas verkeilte oder ich schütteln musste wie ein Barkeeper. Und tatsächlich schaffte ich es in diesem Moment auch, die zurückliegende Niederlage gegen die Sauce aus Bologna zu vergessen.

ALEXANDER HERRMANN

„Silvestersendung 2007/2008. Damals kochte Alfons noch bayerisch, was daran zu erkennen war, dass alles auf -erl endete. Currysupperl mit Linsengmüserl. Und Tim polterte beim Probieren: ‚Das ist was für alte Leute!' Danach bereitete Conny Zampone zu – ein schöner Name für einen gefüllten Schweinefuß. Wenn die Schwarte nicht kross, sondern weich gekocht ist, schmeckt das wie Schweinekaugummi und es bringt auch nichts, dass das ein traditionelles italienisches Silvestergericht ist. Tim servierte Sashimi vom Thunfisch mit Nashi-Birne. Das war so unfassbar fad, dass wir nicht wussten, wie man das schönreden sollte. Dann war ich mit dem zweiten Hauptgang dran: Kalbsfilet mit Ananas. Und weil Silvester war, wollte ich die Ananas flambieren. Deshalb hatte ich vorher bei der Requisite Rum bestellt. Da ja alle Markenwaren in neutrale Gefäße umgefüllt wurden, wusste ich nicht, dass man mir einen 80 %igen Strohrum hingestellt hatte. Fernsehstudios sind ja sehr hell und beim Flambieren hast du normalerweise nur so ein kleines blaues Flämmchen. Ich wollte aber, dass es ordentlich zu sehen war. Entsprechend (zu) viel hab ich hineingeschüttet und mir die Augenbrauen weggeflämmt. Wenn man in Hamburg hochprozentigen Rum bestellt und an einen 56 %igen denkt, unterschätzt man die Kollegen, die scheinbar diese Qualitätsstufe im Kindergarten schon in der Teeküche gereicht bekommen haben. Essen konnte man die Ananas natürlich auch nicht mehr. Und dann Horst mit dem Dessert. Er hat Bananen mit Marzipan in der Folie gegart. Das war nachher im Mund ein einziger Matsch, du konntest es gar nicht runterschlucken. Die Sendung endete damit, dass wir alle etwas beim Pizzaservice bestellt haben. Alfons und ich haben an die Zuschauer appelliert: ‚Kochen Sie dieses Silvestermenü auf keinen Fall nach, es ist ungenießbar. Gehen Sie lieber in ein schönes Restaurant.' Böse Zungen behaupteten im Nachhinein, wir hätten absichtlich so einen Mist gemacht."

Eine klasse Reise

Im Laufe der Zeit wurde die Show immer mehr zu einer Art Branchentreffen kulinarischer Könner, zum Treffpunkt der bekanntesten und beliebtesten deutschsprachigen Köche. Dabei war es interessant zu beobachten, wie sich der Zusammenhalt untereinander, aber manchmal auch die Eifersüchteleien veränderten.

Wenn Sie die Fragebögen der vielen Superköche, die wir für dieses Buch begeistern konnten, aufmerksam durchgehen, werden Sie lesen, dass das Zusammenkommen zu den Aufzeichnungen so etwas wie ein Klassentreffen war. Dazu muss man bedenken, dass es eine Ansammlung von jeweils fünf starken Charakteren der Spitzenküche in dieser Form im Fernsehen zuvor noch nicht gegeben hatte. Der Untertitel hätte auch lauten können: „Das Treffen der Alphatierchen", wobei ich die Verniedlichung gleich wieder zurückziehe.

Ich will nicht sagen, dass die Köche sich nicht die Butter auf dem Brot gönnten, und sicher belebt Konkurrenz das Geschäft, aber natürlich waren da erst einmal kamerabekannte Chefköche, deren Terrains klar abgesteckt waren. Natürlich kannte man sich untereinander, respektierte sich, schätzte sich, aber man beäugte sich und schaute ganz genau, was in den Töpfen der anderen so vor sich ging, nicht zuletzt in der Hoffnung, dass sich das alte Sprichwort bewahrheiten würde: „Die kochen auch nur mit Wasser."

Aber – und das war interessant und schön zu beobachten – es bildeten sich schnell Seilschaften und bald darauf auch Freundschaften, die man so nicht hätte erahnen können. Da hielten auf einmal Urbayern mit Hanseatinnen zusammen, da sprangen Konkurrenten der Berliner Gastronomie-Szene einander bei, wenn sich womöglich im Raum womöglich Ungerechtigkeit zu manifestieren drohte. Da pushten und ermunterten sich die unterschiedlichsten Bartträger der Kochrepublik zu Höchstleistungen. Alexander Herrmann meint dazu retrospektiv: „Meine wichtigste Erinnerung an *Kerners Köche* war, dass man sich erst richtig kennengelernt hat. All die Alphatiere untereinander. Es wären niemals so viele Kochfreundschaften entstanden, wenn es *Kerners Köche* nicht gegeben hätte."

Und wo Freundschaften entstehen, kommt es irgendwann natürlich auch unweigerlich zu Eifersüchteleien. Da wurde auch schon mal unfair gedisst oder sich auf ein Mitglied der Runde eingeschossen. Auch in dieser Hinsicht bildeten sich Pakte, die man vorher nicht für möglich gehalten hätte. Aber bis auf die wenigen Momente, in denen selbst ich als Moderator es nicht geschafft habe, zwischen zickenden Gockeln oder verletzten Hühnern genug Frieden zu stiften – was dann schon mal dazu führen konnte, dass sich so mancher Koch und manche Köchin zur Beruhigung erst einmal in der Maske eingeschlossen hat –, dominierte das gute Miteinander.

Die Köche saßen nach Ende der Dreharbeiten noch backstage zusammen und schauten sich die Aufzeichnung der nachfolgenden Ausgabe an. Nach der letzten Ausgabe des Tages zogen wir dann noch weiter. Gerne in ein Restaurant der Hamburger Ensemblemitglieder Cornelia oder Tim, aber eben-

> „Es war immer wie eine Art Klassenfahrt mit diesem schönen Gemeinschaftsgefühl."
>
> *KOLJA KLEEBERG*

so gerne auch in eines der vielen anderen Restaurants, in denen mit Herz, aber ohne Stern gekocht wird. Und davon gibt es viele.

Wenn einmal Alphatier A in der Stadt von Alphatier B war, schaute man beim Kollegen vorbei. Mich freut Alexanders Bemerkung über die entstandenen Kochfreundschaften aus tiefstem Herzen.

Ohne *Kerners Köche* hätte es nicht die legendäre Redaktionssitzung gegeben, in der mein langjähriger Redaktionsleiter Markus Heidemanns inspiriert von einer Fernsehwerbung die geniale Idee zu *Lafer! Lichter! Lecker!* hatte. Wie bei der Werbung sollten zwei vollkommen unterschiedliche Köche aus zwei vollkommen verschiedenen Welten, die wie mit einem Lineal voneinander abgegrenzt waren, einander beim Kochen beäugen. Links von der Grenze Horst, rechts davon Johann.

Ohne die 123 Sendungen *Kerners Köche* könnte ich heute nicht einfach bei einem der großen Kochstars anrufen und fragen: „Ich habe gerade Mayonnaise selbst machen wollen und sie ist geronnen, kann ich das retten?" Zugegeben, das ist eine Kleinigkeit. Aber für mich macht das einen großen Unterschied. Auch wenn ich vielleicht erst einmal als „Depp" bezeichnet werde – „Hast wieder die Eier direkt aus dem Kühlschrank genommen?" –, so helfen „meine" Köche mir anschließend von Herzen gerne: „Nimmst halt die Eier jetzt aus dem Kühlschrank und wartest 'ne halbe Stund, dann sind sie zimmerwarm und dann fängst von vorn an und statt des Öls lässt dann deine geronnene Eierpampe reintröpfeln, wirst schon sehen, so kannst alles retten!" Diesen Telefonjoker der Luxusklasse weiß ich sehr zu schätzen. Aber viel mehr noch: Kochfreundschaften sind nicht nur unter den Köchinnen und Köchen, sondern auch zwischen ihnen und mir entstanden. Den meisten meiner Teilnehmer fühle ich mich noch heute sehr verbunden.

So gesehen wurden die vielen Klassentreffen für mich im Laufe der Jahre zu einer einzigen Klassenfahrt. Samt Auf und Ab der Gefühle, des Respekts, der Konkurrenz und samt der unzähligen fantastischen Augenblicke, die wir miteinander verbringen durften und hoffentlich noch verbringen werden.

Fleischlos glücklich?

Die Essgewohnheiten der Deutschen verändern sich zusehends. Und mit ihnen ändert sich die Gastronomie. Sterneköche geben ihre Sterne ab. Aussteiger aus Werbeagenturen verkaufen in Foodtrucks Eintöpfe auf Wochenmärkten. Das Bewusstsein für Nachhaltigkeit steigt rasant. Gut so.

Als ich junger Journalist beim Sender Freies Berlin war, musste beziehungsweise durfte ich viele Pressekonferenzen besuchen. Vom Treffen der Hamsterzüchter bis hin zu Hertha BSC war alles dabei. Oft waren Pressekonferenzen mit einem anschließenden Essen verbunden. So kam ich damals auch zum ersten Mal in meinem Leben in ein Sternerestaurant, denn eine namhafte Bank hielt ihre Pressekonferenz mit Gespräch im Anschluss in einem der damals wenigen, aber dafür alteingesessenen Sternerestaurants ab. Ich glaube, es war November oder Dezember, denn es gab Gans. Da ich neben Fußball im Speziellen und Sport im Allgemeinen schon immer ein Faible für politische Themen hatte, besuchte ich auch die eine oder andere Pressekonferenz verschiedener Parteien und des Berliner Senats. Fragen Sie mich bitte nicht, wieso es so war, aber es muss eine geheime Absprache zwischen den Pressekonferenzveranstaltern der Stadt gegeben haben, die da lautete: „Lasst uns die Journalisten im Anschluss immer möglichst zünftig und sehr deftig bewirten! Gern mit einem schwergewichtigen Eisbein mit Erbsenpüree." Und ich bin sicher, einige Journalisten machten sich nur dafür auf den Weg zu Pressekonferenzen. Vielleicht waren auch nicht alle, die sich zum Eisbeinessen trafen, Journalisten. Aber meist wurde zünftig gespeist.

Die Wahl zum Berliner Abgeordnetenhaus im Januar 1989 brachte jedenfalls die Wende im Wendejahr – zumindest in Sachen Pressekonferenz-Verkostung beim Sportsenator. Die CDU, deren Sieg eigentlich als sicher gegolten hatte, verlor mächtig an Stimmen, die FDP rutschte unter die Fünf-Prozent-Hürde. Walter Momper von der SPD gewann einiges dazu und die Alternative Liste kam auf 11,8 Prozent. Ergo: Berlin bekam, nachdem die SPD erst einmal zweigleisig mit CDU und Alternativer Liste verhandelt hatte, eine Regierung aus Sozialdemokraten und heutigen Grünen. Mit der Senatorin für Schulwesen, Berufswesen und Sport, Sybille Volkholz, und ihrem Staatssekretär, Hans-Jürgen Kuhn, beide von der Alternativen Liste, kam dann auch das erste Essen nach dem Senatorenwechsel recht grün, alternativ und klischeehaft in Form von Grünkernbratlingen daher. Da schaute sich die Eisbeinjournaille aber um. Zumal Grünkernbratling für grünkernbratling-unerfahrene Spötter ja schon vorher der Inbegriff alternativer, alles andere als appetitlicher Küche stand. Doch Wunder, oh Wunder. Die Bratlinge schmeckten richtig gut. Vielleicht lag es an der gereichten Sauce, ich weiß es nicht mehr, aber die meisten von uns waren positiv überrascht. Und ich muss gestehen, erst Jahre später in einer Kochshow wurde mir – Sarah sei Dank – klar, dass Grünkern keine eigene Getreidesorte ist, sondern das unreife Korn des Dinkels, das auch „Badischer Reis" genannt wird. Ich denke, am Anfang der Vermarktung hätte sich dieser Name durchsetzen sollen, dann wäre es mit dem Image von Anfang an besser gelaufen. „Bulette vom Badischen Reis" – das macht was her.

> „Das Einstiegsgehalt eines Journalismusvolontärs ist nicht so hoch, wie Sie sich das vielleicht vorstellen. Da muss man hin und wieder kreativ werden, was die Verpflegung anbelangt."
>
> *Johannes B. Kerner*

Man muss alles probieren (bis auf Koriandergrün), für alles offen sein und zugeben, wenn man etwas mag. Man könnte ja auch sagen, dass ich einschlägige Erfahrung mit Buletten hatte. Der Grünkernbratling war nämlich nicht der erste Bratling, der in meinem Leben eine Rolle spielte. Als Student jobbte ich für ein großes US-amerikanisches Fastfood-Unternehmen in einer Berliner Filiale und grillte unzählige Fleischbratlinge, die der Amerikaner *patty* nennt, bestrich sie mit Ketchup sowie

Senf und legte sie zwischen ein Brötchen namens *bun*. Trotz der grünen Bewegung war es damals undenkbar, dort Bio- oder vegetarische Burger zu verkaufen.

Ich esse heute noch gern Burger, manchmal auch nur die *patties*, das nenne ich dann „Burger ohne Reue". Und ich verfolge mit Interesse den Trend, dass das Vegetarische fast schon abgelöst worden ist vom Veganen. Vegan als Lifestyle – hätte man zu Zeiten der Grünkernbratlinge auch nicht gedacht.

Ich bin für persönliche Freiheit, auch was das Essen angeht. Ich will mir nicht haarklein vorschreiben lassen, was ich essen darf, soll, muss beziehungsweise *nicht* essen darf, vertrete aber auch die Meinung, dass man lieber einmal mehr als einmal zu wenig über Nachhaltigkeit nachdenken sollte. Natürlich gehen Berichte über die Gefahren durch zu hohen Fleischkonsum nicht spurlos an mir vorbei. Ich lese die Meldungen der WHO über die mögliche Gefahr, an Krebs zu erkranken, wenn man zu viel rotes behandeltes, also zum Beispiel geräuchertes oder gepökeltes Fleisch isst, sehr genau.

> „Was hindert die EU in Brüssel, die Regierung in Berlin oder die WHO der UNO daran, das deutsche Reinheitsgebot für Bier auch für andere Lebensmittel durchzusetzen?"
>
> *Alfons Schuhbeck*

Natürlich alarmiert es mich, dass die Einstufung der Erkrankungsgefahr durch dieses Fleisch auf der gleichen Stufe eingeordnet wird wie die eines Rauchers, der durch den Teerstoff in der Zigarette an Krebs erkranken könnte. In dem Zusammenhang finde ich interessant, dass dies aber nur für rotes Fleisch gilt. Also klar: Rind und Lamm: rot. Was ist mit Schwein? Ist doch blassrosa. Wissenschaftlich: rot. Hähnchen: klares Weiß. Was ist mit Entenbrust? Ist doch Geflügel. Aber weiß ist das ja nun nicht. Kaninchenfleisch ist eher weiß, soll aber zu rotem Fleisch gehören. Die Gefahr ist, dass den Verbraucher solche Meldungen verwirren. Aber sicher ist: Weniger Fleisch ist nicht ungesund. Selbst der Chef einer der größten deutschen Steakhausketten hat kürzlich dazu aufgerufen, dass die Leute weniger Fleisch essen sollen. Da war ich baff.

Ich bemerke da ein anderes Denken bei mir selbst, wenn ich im Wok gern einmal eine reine Gemüsepfanne für alle in der Familie zubereite. Überhaupt essen wir weniger Fleisch, achten mehr auf die Qualität.

Was die Gemüsepfanne angeht, halte ich mir allerdings offen, das Ganze dann mit paniertem Feta zu garnieren. Also nur so fast vegan. Wobei ich sagen muss, dass ich als Veganer kläglich scheitern würde. Warum? Vor allem deswegen, weil ich Kaffee ungern ohne Milch trinke, purer Kaffeegeschmack ist mir zu bitter, und ehrlich gesagt hat mir bisher kein veganer Milchersatz geschmeckt. Ein Freund hat, nachdem er das Rauchen aufgegeben hatte, seine Ernährung gleichzeitig auf vegan umgestellt, weil er sich dadurch erhoffte, nicht so viel zuzunehmen. Er lud mich zu einer Verkostung von Kaffee mit Sojamilch, Hafermilch, Reismilch, Kokosmilch und Dinkelmilch ein. Spätestens bei der Kokosmilch habe ich gedacht, dass ich die doch lieber im Thai-Chicken-Curry oder in der Piña colada zu mir nehme als im Kaffee. Aber ich habe tapfer bis zum Ende der Verkostung durchgehalten, so, wie ich es mir immer von meinen Kindern wünsche: Ich habe alles zumindest probiert und werde damit auch nie aufhören. Die Geschmackneugierde werde ich immer behalten.

Neulich war ich zum Beispiel bei einem Heimspiel des FC St. Pauli. Da stand ein durchaus stilvoller Foodtruck, der ausschließlich vegane Speisen verkaufte. Hinter dem Tresen stand ein Hipster und pries mir seine Speisen an. Als Bratlingexperte entschied ich mich für einen veganen Burger. Und wissen Sie was? Der schmeckte noch besser als der Grünkernbratling der Alternativen Liste vor fast 30 Jahren in Berlin.

„Wussten Sie, dass es Sojamilch eigentlich gar nicht geben dürfte? Zumindest nicht in Europa? Die Milcherzeugnisverordnung/MilchErzV der EU schreibt ganz klar vor: ‚Die Bezeichnung ‚Milch‘ ist ausschließlich dem durch ein- oder mehrmaliges Melken gewonnenen Erzeugnis der normalen Eutersekretion, ohne jeglichen Zusatz oder Entzug, vorbehalten. Gleiches gilt für Erzeugnisse aus Milch.‘"

Johannes B. Kerner

Backe, backe Backstage – in 12 Schritten zur Show

Sieht man sich eine 65-minütige Kochshow wie meine im Fernsehen an, wird so mancher vielleicht denken: Das ist doch kein Hexenwerk. Stimmt. Hexen waren nur in wirklichen Ausnahmen beteiligt. Dafür aber unzählige wichtige Helfer hinter den Kulissen. Falls Sie einmal versuchen möchten, selbst eine solche Fernsehshow auf die Beine zu stellen, könnten Ihnen folgende Schritte durchaus hilfreich sein.

Aufmerksame Zuschauer werden sich erinnern: Die Köche hatten während der 65-minütigen Sendung genau eine Stunde Zeit, um nach ihrem Auftritt durch die Studioschwingtür und die Begrüßung ein Fünf-Gänge-Menü zu kochen. Und jede einzelne Minute benötigte viele Wochen der Vorbereitung durch ein großes Team. Ohne die vielen Menschen hinter den Kulissen hätte es definitiv keine einzige Sendeminute gegeben. Redakteure, Regisseure, Maskenbildner und Friseure, die Requisite, die vielen tollen Lieferanten und Geschäfte in und um Hamburg, die für jede Sendung die unglaublichsten Waren lieferten. Nicht ohne die Tickethotline-Mitarbeiter, die immer wieder geduldig erklären mussten, dass die nächsten Karten leider erst in einigen Monaten zu haben sein würden. Die Bühnenarbeiter, Bildtechniker, Beleuchter, Aufnahmeleiter, Toningenieure, Kabelhilfen und Kameramänner. Wohl am wichtigsten: die Reinigungsfachkräfte. Einmal, die Sendung war ausgerechnet an diesem Abend live und nicht voraufgezeichnet, mussten wir am Freitag kurz vor Mitternacht aufrufen, ob uns jemand aus der Nachbarschaft in Hamburg-Rotherbaum bitte einmal Eier vorbeibringen könne. Johann hatte es gut gemeint mit den Zuschauern und extra viele Palatschinken zum Dessert machen wollen. Unglücklicherweise hatte er zu Eiern, Mehl und Milch auch noch 500 Gramm Salz statt Zucker in den Teig getan. Da er aber die letzten 20 Eier verbraucht hatte, wäre der Nachtisch so an diesem Abend ausgefallen. Also auch großen Dank an die

Nachbarschaft. Sollte dieser kleine Teil des Aufwands nicht schockieren, finden Sie nachfolgend ein stark eingekürztes Backrezept zur Vor- und Zubereitung einer Fernsehkochshow mit fünf Hauptzutaten beziehungsweise -darstellern:

⇒ Schritt 1:

Fünf Köche finden, die zum Aufzeichnungszeitpunkt Zeit haben. *Ehrlicherweise brauchen Sie mehr als fünf – Sie erinnern sich? Drei Sendungen pro Tag, bis zu neun Stück in drei Tagen, mit möglichst wechselnder Besetzung.* Jeden Koch von einem Redakteur betreuen lassen, denn Stars wollen sich gut aufgehoben fühlen.

⇒ Schritt 2:

Die fünf Köche auf ihre Positionen einteilen. *Wer war wann wo zuletzt? Ist vielleicht ein Koch zum ersten Mal dabei, der für irgendein bestimmtes Gericht oder eine Fachrichtung steht? Wir hatten zum Beispiel einmal Cup-Cake-Königin Peggy Porschen zu Gast. Klar, man hätte ihr auch den Fischgang überlassen können …*

⇒ Schritt 3:

Nach Bedarf und Belieben die Show mit einem besonderen Motto verbinden. *Das haben wir immer mal wieder, aber eben nicht immer gemacht.* Prüfen, welches Gericht die jeweiligen Künstler zubereiten wollen. *Hier dauert die Vorbereitungszeit bei einigen länger, bei anderen noch länger.* Beißt sich etwas in den eingereichten Rezepten? Darauf achten, dass sich weder Gerichte noch Hautzutaten doppeln. *Wer will schon fünf Eisbein-Gänge? Auf der anderen Seite: Wer kommt schon auf die Idee, Eisbein-Eis zu machen?* Apropos Rezepte. Eingereichte Rezepte gegenchecken. *Wer Eierpfannkuchen machen möchte und keine Eier bei den Zutaten aufführt, hat womöglich etwas vergessen.*

⇒ Schritt 4:

Die Rezepte zur weiteren Recherche unbedingt an Anette und Beke von der besten Food-Requisite der Welt weitergeben. *Was ist das über-*

56

haupt ... Buddhas Hand beispielsweise? Eine Zitrusfrucht. Wo gibt es das zum Beispiel? Manchmal gar nicht. Und ... und ... und.

➠ Schritt 5:

Am Aufzeichnungstag alles vor Ort parat haben. *Vor dem Studio gab es extra einen großen Lager- und Requisitenbereich.* Kühlschränke. Regale. Gewürze. Öle. Und natürlich Küchenmaschinen, Eismaschinen, Aufschnittmaschinen, Fleischwölfe, Stabmixer, Löffel, Pinzetten. Alles. Frische Waren unbedingt auf Qualität prüfen. Und auf keinen Fall alles irgendwie in den Kühlschrank packen. Nicht, dass nachher eine Zutat fehlt, weil sie bei jemand anderem mit auf dem Tresen gelandet ist ...

➠ Schritt 6:

Die Köche kurz vor der Sendung im Backstagebereich empfangen. *Vergessen:* Vorher natürlich deren Anreise organisieren. *Und falls Alfons eingeladen ist, bitte bedenken, dass er nur ungerne in die Abendaufzeichnung geht, da er am selben Tag immer noch mit der letzten Maschine nach München fliegen möchte, um sich möglichst noch einmal in seinen Restaurants blicken zu lassen – und sei es kurz vor Mitternacht.*

Nach Ankunft aller Köche im Studio die Waren prüfen. Eventuell etwas neu besorgen. *Sarah checkt ihr bestelltes Ziegenhack. Ziegenfleisch ist jetzt nicht in jeder Kühltheke Norddeutschlands zu finden. Der Pro-Kopf-Verbrauch von Ziegenfleisch in Deutschland ist nämlich geringfügig niedriger als der von Schweine- und Rindfleisch. Anette und Beke fuhren eine Weile durchs Land, lernten dabei viele Ziegenhirten kennen und schlossen zahlreiche Freundschaften. Eigentlich schade, dass sie – soweit ich weiß – all ihr Wissen und ihre diesbezüglichen Kontakte nie wieder nutzen konnten, denn nie wieder brauchte einer unserer Köche Ziegenfleisch.*

➠ Schritt 7:

Zu Beginn der Sendung alles wirklich an die richtige Position stellen. *Crosscheck. Ist alles da? Hat jeder alles? Wer wollte welche speziellen Utensilien zur Zubereitung? Wo zur Hölle ist Buddhas Hand? Kurz* vor dem Publikum noch einmal Köche empfangen. Nochmalige Prüfung von allem. *Wo ist das Ziegenhack? Ach ja, selbst für das Modell Ziege gilt die Hackfleischverordnung, deswegen liegt es natürlich im Kühlschrank.*

⇒ Schritt 8:

Publikumseinlass. 130 Menschen. Vorher für jeden ein Glas Prosecco vorbereiten. *Dass wir in der Sendung Champagner dazu sagten, wurde zum Running Gag. 5 – 4 – 3 – 2 – 1 …* Herunterzählen durch den Regisseur. Den Vorspann starten, Rotlicht im Studio einschalten. Die Köche anmoderieren. Auftrittsmusik. Auftritt der Stars. Aufwärmplauderrunde. *„Was gibt es bei dir heute?"* – eine oft gestellte Frage. Los geht's. Ab jetzt noch 60 Minuten. *Die Hitze im Studio wird mit jeder Sendeminute größer, die Klimaanlage kommt gegen all die Hitze und den Wasserdampf nicht mehr an. Von Minute zu Minute werden die Gerüche intensiver.* Als Moderator immer wieder Runden drehen, Fragen stellen und die Zuschauer informieren. *„Was machst du noch einmal? Wie machst du das? Alle Rezepte finden Sie im Internet."*

⇒ Schritt 9:

Immer wieder Techniker zur Krankamera kommen lassen, um die beschlagene oder verfettete oder beschlagene und verfettete Linse zu säubern. Putzen lassen. *„Kamera sechs fällt für einen Moment aus",* flüstert *der Kameraassistent in die Regie. Einmal fällt sie in einen Topf Suppe. Für den Rest des Abends fehlen die Topfguckbilder von oben. Jenseits der Kamera winkt Alexander einen Aufnahmeleiter zu sich, hält sich das Mikro zu: „Wo zur Hölle ist Buddhas Hand?" Hektische Suche, beim Ziegenhack liegt sie auch nicht. Ach, Tim hat sie sich geschnappt, um einen Witz damit zu machen.*

⇒ Schritt 10:

Währenddessen den Studiofotografen unzählige Bilder machen lassen. *Die finden sich irgendwann in einem Kochbuch und auf der Internetseite des Senders wieder.* Ist der erste Gang spät dran, eventuell den zweiten vorziehen. Alle probieren lassen, als Moderator selbst natürlich auch kosten. Die ersten Bewertungen abfragen. *Ziegenhack ist scheinbar nicht jedermanns Sache. Kann ich verstehen. Die Ziegen im Land wird es freuen.* Gang eins nachholen, ersten Hauptgang anschließen. *Vor dem zweiten sagt mir mein Redaktionsleiter auf meinen Mini-Kopfhörer, der wie ein Hörgerät in meinem linken Ohr steckt: „Wir hängen acht Minuten." Beeilung also. Der zweite Hauptgang braucht aber noch.*

➟ Schritt 11:

Die vierte Bewertung des Abends einholen und dabei beachten, dass wahrscheinlich viel zu wenig Zeit dafür ist, sich richtig mit dem Nachtisch auseinanderzusetzen. *Dabei ist der so göttlich.* In den letzten Minuten das Studiopublikum nach unten bitten – 130 Menschen an fünf Kochstellen. *Sarah sichert ihre teuren Kochmesser, sie waren schon einmal, sagen wir, abhandengekommen.* Damit rechnen, dass das Durcheinander der letzten Minuten zum kompletten Chaos wird und die Security-Kollegen aufpassen lassen. *Bekommen diesmal Tims Kochmesser Beine? Oder Alfons Gewürzkoffer oder Sarahs Ziegenhackreste?*

➟ Schritt 12:

Fertig! In direktem Anschluss das Schlachtfeld wieder in ein Studio verwandeln. *Es duftet. Unbeschreiblich. Schmutzige Teller, Bestecke, 130 Champagnergläser, in denen Prosecco war. Die Putz- und Spülkolonne macht wie immer einen Wahnsinnsjob. Und das alles unter Zeitdruck.* 90 Minuten bis zur nächsten Aufzeichnung. Aber vor lauter Putzen nicht vergessen, die Requisite rechtzeitig damit beginnen zu lassen, alles für die kommende Show vorzubereiten und einzurichten.

So, jetzt wissen Sie, wie es geht. Viel Spaß bei der Produktion. Falls Sie noch Telefonnummern von Köchen brauchen, sagen Sie einfach Bescheid.

Die Besten der Besten

Köche, Porträts
und Lieblingsrezepte

In fünf Gängen durch die Sendung

Im ersten Gang

Es ist wie beim Autofahren. Natürlich ist zügiges Fahren auf einer schönen Landstraße oder Allee ein wundervolles Erlebnis. Unabdingbar für den Genuss solcher Eindrücke ist aber, dass der Wagen, der einen befördert, wirklich ohne stehen zu bleiben vorankommt. Die Position des ersten Gangs war bei den Köchen in der Show schon immer mit Hassliebe verbunden. Die Stars am Herd konnten sich nämlich nicht aussuchen, welchen Posten sie besetzen sollten, dies wurde von meinem Redaktionsteam vorgegeben.

Der erste Gang, die Vorspeise, wurde schon deswegen ehrfürchtig mit Respekt beäugt, weil man dort sofort im Scheinwerferlicht stand und für seine Zubereitung nur knapp 15 Minuten Zeit hatte. Und Künstler unter Zeitdruck gesetzt zu sehen, ist so eine Sache. Ich habe im Laufe der Jahre Köche erlebt, die gerade hier so ihre Probleme hatten. Schon im Vorfeld, wenn sie ihre Rezepte einreichen mussten, entstanden vielerlei Diskussionen, wie man in so kurzer Zeit etwas Anspruchsvolles zubereiten solle. Mir sind Sätze im Ohr wie: „Oh nein, nicht ich schon wieder …", „Immer darf der Lafer den Nachtisch machen …" und „Aber dann stell mir am Anfang bitte nicht wieder so viele Fragen …!" Natürlich oftmals: „Wie soll ich das denn in 15 Minuten schaffen …?"

Was für ein Spaß! Teil der Show war ja immer, dass ich am Anfang von Position zu Position ging und kurz fragte, wer was zubereitete. Ging diese Runde schnell vorüber und stand ich wieder bei der Vorspeise, potenzierte sich der Stress für den jeweiligen Koch. Der liebe Horst, wer sonst, drehte einmal jedoch den Spieß um. Ich war in meiner Anfangsrunde noch nicht einmal beim zweiten Hauptgang angekommen, als er rief: „Fertig!" Zuerst dachte ich, er wolle nur Johann foppen, der am Nachtischposten stand und somit noch viel Zeit hatte. Aber weit gefehlt.

Unter dem spektakulären Namen „Hottes Träumerei" hatte Horst ein Gericht zubereitet, das sich bei näherer Betrachtung als aufgemotztes Bütterken, also belegtes Brot erwies. Um keinen Gag verlegen, deswegen muss man Horst mögen. Und ein Riesenlacher für ihn, denn diese Stulle war in der Tat innerhalb weniger Minuten geschmiert.

Im zweiten, dritten und vierten Gang

Den zweiten Gang der Sendung nannten wir seit jeher Zwischengang. Das war luxuriös für den jeweiligen Koch, denn so richtig definiert war dieser Gang nicht, weshalb von einer weiteren Vorspeise über einen Nudelgang bis hin zu Suppe oder Salat alles gestattet war. Eigentlich war bis auf Nachtisch alles erlaubt, und das mit einigermaßen viel Zeit. Zudem war man hier so früh in der Sendung dran, dass genug Zeit blieb, um bei den drei verbleibenden Köchen vorbeizuschauen und dort Stress zu machen. Und den hatte so ziemlich jeder, der an einem der beiden Hauptspeise-Posten stand. In was für einer Bandbreite und mit welchem Aufwand hier Fleisch und Fisch zubereitet wurden, hat mich in nahezu jeder Aufzeichnung begeistert. Und ich kann es gar nicht oft genug sagen: Vorbereiten war absolut tabu.

Apropos Bandbreite: Die galt auch für die Waren und Zutaten, die hier in Töpfe und Pfannen kamen. Manchmal haben mich Zuschauer angesprochen, wieso wir zum Beispiel Cornelia Poletto in einem Gericht eine Garnelenart – nämlich Wildfang-Tiefseegarnelen – verwenden ließen, die im Fachhandel über 100 Euro pro Kilo kostet. Weil Kochen und Genießen auch etwas damit zu tun haben muss, die Extreme auszuloten. Beziehungsweise: das extrem Gute. Günstige Garnelen, die in Ländern wie Bangladesch in riesigen Becken gezüchtet werden, können auch sehr gute Qualität erreichen, besonders dann, wenn sie ein Bio-Siegel tragen, welches ein Zeichen dafür sein sollte, dass die Zuchtbedingungen adäquat sind ebenso wie der Einsatz von Antibiotika. Aber: Die feuerrote Tiefseegarnele spielt in einer anderen Liga. Jedes Jahr werden nur geringe Mengen davon wild gefangen, zum Beispiel in der Tiefsee vor den Falklandinseln. Ich muss sagen, ich hatte bis zu dem Tag weder von ihnen gehört, noch sie probiert, und habe bislang auch nichts Vergleichbares gegessen.

Im fünften Gang

Stell dir vor, du hast fast eine Stunde Zeit, um dich kulinarisch zu verwirklichen. Und nach dieser Zeit stehen deine Chancen gut, dass das, was du kreiert hast, von allen geliebt werden wird. Denn du hast nach einem Salat mit saurem Dressing, einem Zwischengang mit rohem Fisch, einem ersten Hauptgang mit gegrillten Garnelen sowie einem zweiten Hauptgang mit einem unfassbar schmackhaften Lammfilet die Aufgabe, zum ersten Mal an diesem Abend etwas Süßes zu servieren. Den Nachtisch, ohne den jeder Restaurantbesuch unbefriedigend zu Ende gehen würde. Bei mir tut er das nie, lang lebe das Süße zum Schluss!

Darf ich Ihnen etwas verraten? Ich habe mich immer so sehr auf den fünften Gang gefreut. Auf den Moment, in dem man, eigentlich satt, eine große Freude daran verspürt, noch einmal einen anderen Geschmack zu kosten. Wenn man weiß: ‚Gleich rufst du die Zuschauer im Publikum an die Kochinseln und feierst mit ihnen eine gelungene Küchenparty.' Mit dem ersten Löffel Dessert fiel immer auch die Anspannung ab. Ich denke, die Nachtischposition war die mit den wenigsten Pannen. Wenn ich nur an Alfons geeisten Kaiserschmarrn denke, den er exakt so auch in seinem Sternerestaurant in München serviert, wenn ich mich hineinversetze, wie Johann sich vor den Zutaten für seine überwältigenden Nachtisch-Kreationen geradezu verneigte. Wenn ich Ralf beobachtete, wie er mit Geschmackserwartungen experimentierte, indem er Rosmarin und Eis kombinierte. Wenn ich Sarah dabei zusehen durfte, wie sie die österreichische Küchentradition in einen Topfenstrudel rollte, dann wusste ich: Diese Sendung hatte sich gelohnt. Ich habe am Nachtischposten vieles gelernt, das mir bei den anderen Gängen so nicht vermittelt wurde. Johann sagte einmal zu mir: „Vieles in der Küche mache ich intuitiv, beim Dessert wiege ich alles grammgenau ab. Ein Hauch zu viel von etwas und schon geht alles daneben." Ein Dessert aus den Händen eines meisterlichen Handwerkers war die Belohnung jeder Sendung.

Der Großstädter vom Land:

Über Freundschaften unter Köchen und warum es bei ihm nur selten Kaviar gibt

Ihm fliegen die Herzen von Gourmets und Damen einfach zu.

ALEXANDER HERRMANN

Alexander, der unter den deutschen Fernseh- und Spitzenköchen das „r" rollt wie kein zweiter, ist ein großartiger, unglaublich detailversessener Herdkünstler. Dennoch kann ich ihm auch ein gewisses Entertainment-Gen nicht absprechen, das ist auf alle Fälle da. Auf der einen Seite hat unser Doktor Koch aus Franken etwas sehr Bodenständiges, aber auch ein großes Interesse an der weiten Welt – nicht nur in kulinarischer Hinsicht. Zu seinem *Herrmann's Romantik Posthotel & Restaurant* gelangt man auf eher verschlungenen Wegen. Es liegt sehr idyllisch im kleinen Luftkurort Wirsberg im Naturpark Frankenwald zwischen Kulmbach und Bayreuth. Aber der Weg dorthin lohnt sich unbedingt, das weiß ich aus eigener Erfahrung.

➺ Was ist die prägendste Erinnerung an *Kerners Köche*? *Erst untereinander hat man sich richtig kennengelernt.* Ohne Kerners Köche *hätte es nie so viele Freundschaften unter uns Köchen gegeben.*

➺ Was ist der größte Fehler, den Zuschauer von Kochshows bei der Umsetzung des Gesehenen machen? *Eine 1:1-Umsetzung des Gesehenen führt durch Unwägbarkeiten häufig zu Enttäuschungen. Kleines Beispiel: Schon die falsche Größenwahl einer Pfanne kann das Ergebnis verändern.*

➺ Molekularküche und Co. – was kommt als Nächstes in der Top-Gastronomie? *Das Vorbild der japanischen Küche. Die Japaner essen bewusst. Im Gegensatz zu unserem Schmorbraten lebt die japanische Küche davon, dass du das, was du siehst, auch schmecken kannst.*

➺ Wann wurdest du zum letzten Mal so richtig abgekocht? *In meinem Duell gegen Tim Mälzer bei* Kitchen Impossible. *Ich musste in einem spärlich ausgestatteten spanischen Haushalt eine Empanada machen.*

➺ Welches Schulfach würdest du einführen? *Ernährung. Um den Menschen die Zusammenhänge beizubringen: In einem Experiment wurde die erste Gruppe Mäuse nur mit Zucker gefüttert, die zweite mit Fett. Die dritte mit Zucker und Fett. Die letzte Gruppe platzte vollkommen aus den Nähten.*

➺ „Der Verzehr von Wurst kann Krebs auslösen!" – Was war dein erster Gedanke? *Ein ganz alter Hut.* Was der zweite? *Die Haupterkenntnis: Salami-Pizza bringt dich um. Gepökelte Wurst, die bei 300 °C geröstet wird, ist so weit weg von gesund. Aber es gilt auch: Die Dosis macht das Gift.*

➺ Welche Marotte konntest du in der Küche bis heute nicht ablegen? *Ich brauche immer diesen Aufbau: Esslöffel. Eine Schüssel mit Butter. Eine mit Butterschmalz. Meersalz. Olivenöl.*

➺ Wen würdest du gerne einmal bekochen? *George Lucas mit einem Star-Wars-Menü in sieben Gängen.*

➺ Auf welches Lebensmittel sollten wir aus Gründen der Nachhaltigkeit verzichten? *Einmal sagte ich einem Gast, dass wir Kaviar nur sehr selten servieren, weil die Art bedroht sei. Daraufhin er: „Oh, dann muss ich mich beeilen, dass ich noch welchen bekomme." Sagt das nicht alles? Ich empfehle jedem die Gerhard-Polt-CD* Attacke auf Geistesmensch. *Dort den Abschnitt* Die Gourmet-Tour.

Gebratene Steinpilze
mit Pfirsich und geröstetem Speck

von **ALEXANDER HERRMANN**

ZUBEREITUNG

1 *Die Steinpilze putzen, mit Küchenpapier trocken abreiben und in Scheiben schneiden. Die Schalotten schälen und in feine Würfel schneiden. Die Pfirsiche kreuzweise einritzen, überbrühen, häuten, halbieren und den Stein entfernen, das Fruchtfleisch in Spalten schneiden.*

2 *Den Backofen auf 200 °C vorheizen. Das Olivenöl in einer großen Pfanne erhitzen, die Pilze und die Schalotten darin mit der angedrückten Knoblauchzehe anbraten. Die Kürbiskerne und die Pfirsichspalten hinzufügen und mitbraten. Die Butter dazugeben und schmelzen lassen. Die gebratenen Pilze mit Salz, Pfeffer und Essig abschmecken.*

3 *Die Speckscheiben auf einem mit Backpapier ausgelegten Backblech verteilen und im vorgeheizten Backofen auf der mittleren Schiene etwa 10 Minuten knusprig braten.*

4 *Die Milch aufkochen und die Hitze reduzieren. Den Thymian waschen, trocken schütteln und etwa 5 Minuten in der heißen Milch ziehen lassen. Den Thymian wieder entfernen, die Milch mit 1 Prise Salz würzen und mit dem Stabmixer schaumig aufschlagen.*

5 *Das Steinpilz-Pfirsich-Gemüse auf tiefe Teller oder Schälchen verteilen, den Thymianschaum darübergeben und mit den Speckscheiben garnieren.*

ZUTATEN *für 4 Personen*

400 g	Steinpilze
2	Schalotten
2	weiße Pfirsiche (nicht zu reif)
4 EL	Olivenöl
1	Knoblauchzehe
2 TL	Kürbiskerne
2 TL	Butter
	Meersalz
	Pfeffer aus der Mühle
2 TL	Aceto balsamico
12 Scheiben	Frühstücksspeck
300 ml	Milch
8 Zweige	Thymian

Blaubeereis
mit gebratenen Ricottanocken

von **ALEXANDER HERRMANN**

ZUTATEN *für 4 Personen*

2	Eier
1 EL	Zucker
Mark von ½	Vanilleschote
50 g	Semmelbrösel
100 g	Ricotta
1	unbehandelte Zitrone
1 TL	Butterschmalz
2 EL	brauner Zucker
200 g	Tiefkühl-Blaubeeren (Heidelbeeren)
1 EL	Puderzucker
ca. 100 ml	Milch

ZUBEREITUNG

1 *Für die Ricottanocken die Eier trennen und die Eiweiße mit 1 Msp. Zucker zu steifem Schnee schlagen. Das Vanillemark mit den Eigelben, den Semmelbröseln, dem Ricotta und dem restlichen Zucker verrühren. Zuletzt den Eischnee unterheben.*

2 *Die Zitrone heiß waschen, trocken reiben und die Schale mit dem Zestenreißer in Streifen abziehen. Die Zitrone halbieren und auspressen. Das Butterschmalz in einer beschichteten Pfanne erhitzen. Von der Ricottamasse mit zwei Esslöffeln Nocken abstechen und im heißen Butterschmalz mit den Zitronenschalenstreifen bei mittlerer Hitze rundum goldbraun braten. Die Nocken aus der Pfanne nehmen und auf Küchenpapier abtropfen lassen.*

3 *Für den Sirup den Zitronensaft in einem kleinen Topf mit dem braunen Zucker aufkochen und sirupartig einköcheln lassen.*

4 *Für das Eis die tiefgekühlten Beeren in einen hohen Rührbecher geben, den Puderzucker hinzufügen und so viel Milch dazugießen, dass die Beeren knapp bedeckt sind. Mit dem Stabmixer zu einem cremigen Eis pürieren.*

5 *Die gebratenen Ricottanocken mit dem Blaubeereis auf Desserttellern anrichten und den Zitronensirup darüberträufeln.*

 JOHANNES B. KERNER

„Bei Blaubeeren lohnt es sich, im Sommer darauf zu warten, dass die kleineren wilden Beeren auf den Markt kommen. Und das ist wörtlich zu nehmen, denn diese gibt es meist nur auf Wochenmärkten zu kaufen. Sie sind innen wirklich blau und schmecken einfach so viel intensiver."

Der rockende Sternekoch:

Warum er „Lebenskunde"
als Schulfach einführen würde
und wohin der Trend in der
Top-Gastronomie steuert

*Ein ausgespro-
chen angenehmer
Zeitgenosse, der
gerne dem Ruf der
Bühne folgt.*

KOLJA KLEEBERG

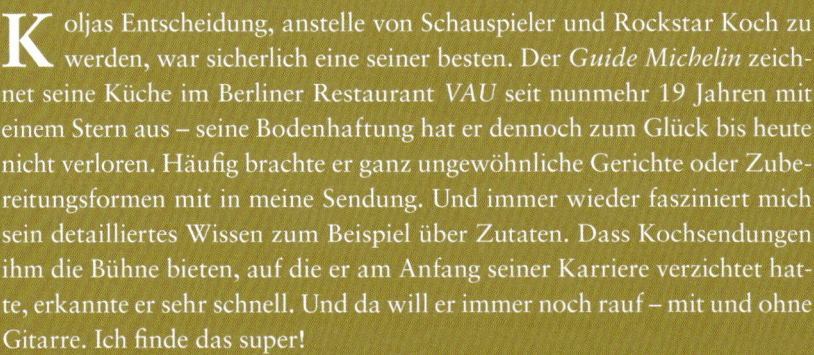

Koljas Entscheidung, anstelle von Schauspieler und Rockstar Koch zu werden, war sicherlich eine seiner besten. Der *Guide Michelin* zeichnet seine Küche im Berliner Restaurant *VAU* seit nunmehr 19 Jahren mit einem Stern aus – seine Bodenhaftung hat er dennoch zum Glück bis heute nicht verloren. Häufig brachte er ganz ungewöhnliche Gerichte oder Zubereitungsformen mit in meine Sendung. Und immer wieder fasziniert mich sein detailliertes Wissen zum Beispiel über Zutaten. Dass Kochsendungen ihm die Bühne bieten, auf die er am Anfang seiner Karriere verzichtet hatte, erkannte er sehr schnell. Und da will er immer noch rauf – mit und ohne Gitarre. Ich finde das super!

➻ Wann wurdest du zum letzten Mal so richtig abgekocht? *Ich? …
(kichert) … Beim Elvis-Presley-Wettbewerb in der* Carmen-Nebel-Show.

➻ Welches Schulfach würdest du einführen? *„Lebenskunde", also
vieles, was man früher von zu Hause mitbekommen hat, z.B. Ernährung
und Bewegung. Aber auch solche Sachen wie: „Wie versichere ich mich
richtig?" Das bringt einem ja keiner bei.*

➻ „Der Verzehr von Wurst kann Krebs auslösen!" – Was war dein erster Gedanke? *Dass ich zu viel Wurst esse.* Was der zweite? *Dass ich mal
wieder viel buntes Gemüse in meinen Speiseplan einfügen muss.*

➻ Welche Marotte konntest du in der Küche bis heute nicht ablegen?
Händewaschen. In der Küche wasche ich sie mir 40-mal pro Stunde.

➻ Wen würdest du gerne einmal bekochen? *Papst Franziskus*

➻ Garnelen stehen bei vielen Restaurants als ungleich teurere Scampi
auf der Karte – hast du auch schon geschummelt? *Nein. Zwei Sachen
sind besonders unmöglich, wenn sie falsch auf der Karte stehen: Garnelen als Scampi ausgeben und Lammfilet, obwohl es Lammrücken ist.*

➻ Was sollte man für ein gutes Kochmesser mindestens ausgeben? *Da
muss man gar nicht sooo tief in die Tasche greifen. Es gibt nicht-rostfreie
Kohlenstoff-Stahl-Messer, die liegen bei 80 Euro.*

➻ Was war das Exotischste, das du je probiert hast? *Krokodil – und es
hat mir nicht geschmeckt.*

➻ Erinnerst du dich an einen Geschmack/Geruch deiner Kindheit?
*Milchsauer vergorene Bohnen. Die hat meine Mutter zu Kartoffelpüree
mit brauner Butter gemacht. Ich habe immer nur das Püree gegessen.*

➻ Hast du schon einmal ein ganzes Menü versemmelt? *Zwei Gänge
beim zweiten Weihnachtsessen in der Lehre. Die Kressesuppe war mir
im Mixer explodiert und hatte sich in der gesamten Küche verteilt. Und
weil ich mich darüber so aufregen musste, ließ ich auch die Gans gleich-
mäßig kohlrabenschwarz verbrennen.*

➻ Was heißt eigentlich „Liebe geht durch den Magen"? *Gemeinsames
Essen hat etwas Verbindendes und auch eine erotische Komponente.
Aber es gibt auch kürzere Wege.*

Pasta alla genovese mit Walnuss- und Cashewkernen

VON KOLJA KLEEBERG

ZUBEREITUNG

1 *Die Pinien-, Walnuss- und Cashewkerne in einer beschichteten Pfanne ohne Fett hellbraun rösten und kurz abkühlen lassen. Basilikum und Petersilie waschen, trocken schütteln und die Blätter abzupfen. Den Parmesan und den Pecorino fein reiben.*

2 *Den Knoblauch schälen und halbieren. Mit der Chilischote, den Kräutern und dem Öl im Küchenmixer zu einer feinen Paste pürieren, mit Salz und Pfeffer würzen. Dann nach und nach das Olivenöl und zuletzt die abgekühlten Kerne sowie den geriebenen Käse untermixen.*

3 *Die Kartoffeln schälen, waschen und in etwa ½ cm große Würfel schneiden. Die Bohnen putzen und die Spitzen und Enden abschneiden. In einem großen Topf 5 l Wasser mit etwas Salz zum Kochen bringen. Die Nudeln mit den Bohnen und den Kartoffelwürfeln hineingeben und je nach Packungsanweisung 8 bis 12 Minuten garen – die Nudeln sollten noch einen guten Biss haben. In ein Sieb abgießen und dabei etwa 60 ml Kochwasser auffangen.*

4 *Das aufgefangene Kochwasser sofort in eine vorgewärmte Servierschüssel oder zurück in den Nudeltopf geben und die Butter unterrühren. Die Nudeln mit Kartoffeln und Bohnen sowie Pesto dazugeben und alles gut vermischen. Nach Belieben mit Basilikum garnieren und geriebenen Parmesan dazu servieren.*

ZUTATEN *für 4 Personen*

je 50 g	Pinien-, Walnuss- und Cashewkerne
2 Bund	Basilikum
½ Bund	Petersilie
je 50 g	Parmesan und Pecorino
1	Knoblauchzehe
1	getrocknete Chilischote
100 ml	Pflanzenöl
	Salz · weißer Pfeffer aus der Mühle
200 ml	mildes Olivenöl
250 g	festkochende Kartoffeln
250 g	grüne Bohnen
500 g	Trofie, Linguine oder Spaghetti
80 g	Butter

 JOHANNES B. KERNER

„Dieses Pesto ist klasse. Ich mag es, wenn man es einmal anders macht – neben Pinienkernen werden auch noch Walnuss- und Cashewkerne verwendet und zusätzlich zum Basilikum Petersilie und Chili zerhackt. Dafür lass ich allerdings die Bohnen weg."

JOHANNES B. KERNER

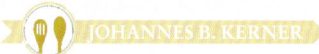

„Das Fleisch bleibt umso besser am Spieß kleben, je kräftiger Sie es zuvor geknetet haben, denn durch das Kneten wird das fleischeigene Eiweiß aufgeschlossen."

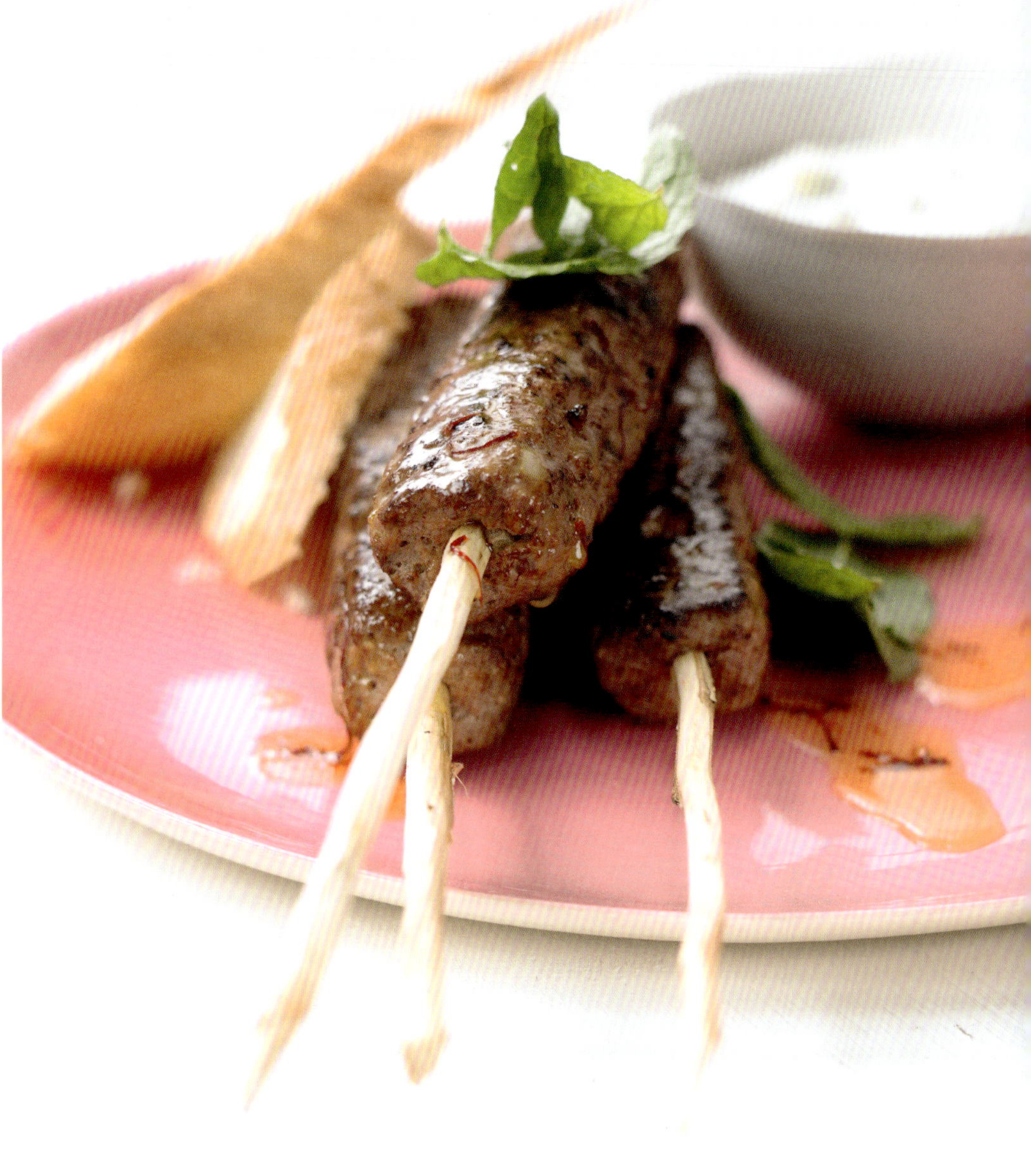

Lammspieße
auf persische Art mit Minzjoghurt

von KOLJA KLEEBERG

ZUTATEN *für 4 Personen*

3	Zwiebeln
2	Knoblauchzehen
½	Bund Minze
1	kleine Salatgurke
400 g	Naturjoghurt
einige	Eiswürfel
	Olivenöl zum Braten
1 kg	Lammhackfleisch
1	Ei
	Salz · weißer Pfeffer aus der Mühle · gemahlener Kreuzkümmel · Paprikapulver (edelsüß)
1	Döschen Safranfäden (0,1 g)
60 g	Butter
Saft von ½	Zitrone

ZUBEREITUNG

1 *Für den Joghurt Zwiebeln und Knoblauch schälen und fein würfeln. Minze waschen und trocken schütteln, Blätter abzupfen und fein hacken. Die Gurke schälen, längs halbieren und die Kerne entfernen.*

2 *Die Gurkenhälften grob würfeln und mit Joghurt, Minze und Eiswürfeln im Mixer fein pürieren. In einer Pfanne 1 EL Olivenöl erhitzen. Ein Drittel der Zwiebelwürfel und den Knoblauch hellbraun braten und unter den Minzjoghurt rühren.*

3 *Für die Spieße das Hackfleisch mit den restlichen Zwiebelwürfeln, Ei, Salz, Pfeffer, Kreuzkümmel und Paprikapulver gründlich verkneten und zugedeckt kühl stellen.*

4 *Den Safran in 1 EL heißem Wasser auflösen und in einem kleinen Topf mit Butter und Zitronensaft bei mittlerer Hitze erwärmen, bis die Butter geschmolzen ist.*

5 *Das Hackfleisch in 12 Portionen teilen. Jede Portion mit angefeuchteten Händen zu einer dickeren Wurst formen, je einen Holzspieß hineinstecken. Portionsweise etwas Olivenöl in einer Pfanne erhitzen und die Spieße darin bei mittlerer Hitze unter Wenden rundum goldbraun braten. Zum Schluss die Spieße mit der Safran-Zitronen-Butter bestreichen.*

6 *Die Lammspieße mit dem Joghurt servieren und nach Belieben mit Minze garnieren. Dazu passt Fladenbrot oder Baguette.*

Der Virtuose mit dem Messerchen:

Welche Erinnerungen ihn geprägt haben und worauf wir verzichten sollten

Der bekannte Fernsehkoch hat den Street-Food-Trend schon vor vielen anderen kommen sehen.

MARIO KOTASKA

Mario ist nicht nur ein unglaublich netter Kerl, sondern auch ein Virtuose seines Fachs. Seinen ersten *Michelin*-Stern bekam er während unserer gemeinsamen Zeit bei *Kerners Köche* – es war toll, diesen Moment miterleben zu dürfen. Und ich glaube, man kann erst dann ermessen, was diese Auszeichnung für einen Koch wirklich bedeutet. Sein Glücksbringer war damals ein schon etwas in die Jahre gekommenes kleines Messerchen, das sein absolutes Heiligtum war. Dem Fernsehen ist Mario bis heute treu geblieben. In Formaten wie *Küchenchef*s (VOX), *Küchenschlacht* (ZDF) oder *ZDF-Fernsehgarten* war und ist er willkommen. Der Sterneküche hat er vor fünf Jahren den Rücken gekehrt und konzentriert sich seitdem neben Bühnen- und Fernsehauftritten auf seine Kölner Firma *Bratwerk*. Zudem bietet er bundesweit Kochkurse an.

➤➤ Was ist die prägendste Erinnerung an *Kerners Köche* ? *Dass ich nie wieder – obwohl es geklappt hat – ein Soufflé in der Sendung machen würde.*

➤➤ Was ist für dich die leckerste Kartoffelsorte? *Bamberger Hörnchen*

➤➤ Molekularküche und Co. – was kommt als Nächstes in der Top-Gastronomie? *Alles, was mit Fermentation zu tun hat.*

➤➤ Besteht nicht für den, der stets für das Wohlergehen anderer sorgt, die Gefahr, selbst auf der Strecke zu bleiben? *In den Tiefen meines Glaubens gehe ich davon aus, dass der, der Gutes tut, auch Gutes erfahren wird.*

➤➤ „Der Verzehr von Wurst kann Krebs auslösen!" – Was war dein erster Gedanke? *Aber nur, wenn man sie raucht. (Zitat aus dem Film* Amerika *mit Sophie von Kessel)*

➤➤ Welche Marotte konntest du in der Küche bis heute nicht ablegen? *Alles probieren zu müssen ...*

➤➤ Wen würdest du gerne einmal bekochen? *Jeden, der gerne isst.*

➤➤ Auf welches Lebensmittel sollten wir aus Gründen der Nachhaltigkeit verzichten? *Thunfisch, Hai, Schwertfisch*

➤➤ Was sollte man Minimum für ein gutes Kochmesser ausgeben? *60 Euro*

➤➤ Was kosten die Zutaten einer Pizza Margherita im Einkauf? *1,05 Euro mit Büffelmozzarella*

➤➤ Was war das Exotischste, das du je probiert hast? *Klapperschlange*

➤➤ Erinnerst du dich an einen Geschmack/Geruch deiner Kindheit? *An Rouladen von meiner Oma Anni.*

➤➤ Was mochtest du als Kind überhaupt nicht? *Grünkohl*

➤➤ Hast du schon einmal ein ganzes Menü versemmelt? *Nein, aber schon öfter einen einzelnen Gang.*

➤➤ Was und wie Menschen essen, lässt das Rückschlüsse auf ihren Charakter/Lebensstil zu? *Ja, finde ich schon.*

Salat von Herbsttrompeten mit Birnen, Speck und Preiselbeerknusper

von **MARIO KOTASKA**

ZUBEREITUNG

1 Für den Preiselbeerknusper die Orange heiß waschen und trocken reiben. Etwa 1 TL Schale fein abreiben, die Frucht halbieren und den Saft auspressen. Die Crème fraîche mit den Preiselbeeren, etwas Orangensaft und der Orangenschale verrühren. Die Preiselbeercreme mit Salz, Pfeffer und nach Belieben mit Zucker abschmecken.

2 Für den Salat die Herbsttrompeten gründlich waschen und auf einem Küchentuch abtropfen lassen. Die Salate putzen, waschen und trocken schleudern, Frisée und Radicchio in mundgerechte Stücke zupfen.

3 Die Birnen waschen und vierteln, nach Belieben schälen und die Kerngehäuse entfernen. Die Birnenviertel in Spalten schneiden. Den Speck in feine Streifen schneiden und in einer beschichteten Pfanne ohne Fett kross anbraten. Die Birnen dazugeben und kurz mitbraten. Dann die Pilze hinzufügen und ebenfalls mitbraten. Das Öl und den Essig dazugeben (so entsteht eine Art Vinaigrette zum Marinieren des Salats).

4 Den Salat kurz in der Pfanne schwenken und mit dem Speck und den Pilzen auf Teller verteilen. Mit der in der Pfanne verbliebenen Vinaigrette beträufeln und nach Belieben mit etwas abgeriebener Orangenschale garnieren. Die Knäckebrotscheiben mit der Preiselbeercreme bestreichen und zu dem Salat servieren.

ZUTATEN *für 4 Personen*

1	unbehandelte Orange
50 g	Crème fraîche
100 g	Preiselbeeren (aus dem Glas)
	Salz
	Pfeffer aus der Mühle
	Zucker
400 g	Herbsttrompeten
1	Kopf Friséesalat
1	Kopf Radicchio
100 g	Feldsalat
2	reife Birnen
100 g	geräucherter Speck
4 EL	Walnussöl
2 EL	Sherryessig
4 Scheiben	Roggenknäckebrot

JOHANNES B. KERNER

„Herbsttrompeten verdanken den Namen ihrem trichterförmigen Fruchtkörper. Im Vergleich mit Zuchtpilzen wie Champignons oder Shiitake sind die Wildpilze ein echter Hammer. Selbst suchen und finden lohnt sich!"

JOHANNES B. KERNER

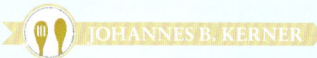

„Dadurch, dass das Filet schließlich bei konstant 75 °C pochiert wird, bleibt es schön rosa. Das Ergebnis wird immer perfekt. Schon dafür lohnt sich die Anschaffung eines Kochthermometers."

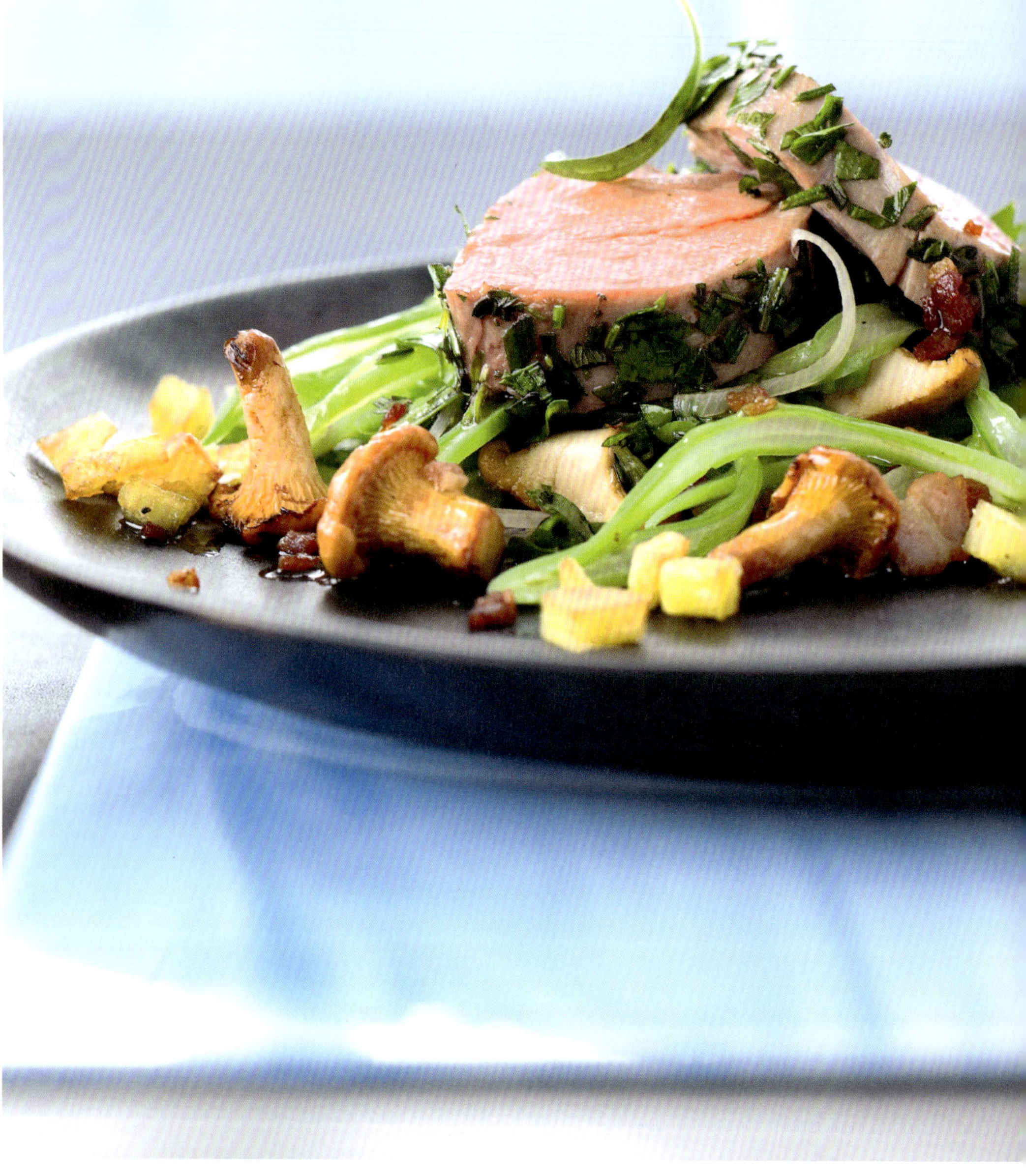

Kalbsfilet im Kräutersud
auf Bohnen-Pfifferling-Gemüse

von **MARIO KOTASKA**

ZUTATEN *für 4 Personen*

ZUBEREITUNG

1 *Kräuter waschen und trocknen. Ein Drittel grob hacken. Knoblauch schälen und halbieren. Brühe mit ungehackten Kräutern, Knoblauchhälften und Gewürzen in einem Topf einmal aufkochen. Kräuterfond auf etwa 90 °C abkühlen lassen. Kalbsfilet hineinlegen und bei gleichbleibender Temperatur 10 bis 15 Minuten ziehen lassen.*

2 *Inzwischen Kartoffeln schälen, waschen, würfeln, in Salzwasser garen, abgießen und abtropfen lassen. Bohnen putzen, waschen, in Stücke schneiden und bissfest blanchieren. Abgießen, kalt abschrecken und abtropfen lassen. Pfifferlinge putzen. Schalotten schälen und fein würfeln.*

3 *Kalbsfilet abtropfen und etwa 20 Minuten ruhen lassen. Den Fond warm halten.*

4 *In einer Pfanne 2 EL Öl erhitzen und die Pfifferlinge darin anbraten. Speck- und Schalottenwürfel dazugeben und kurz mitbraten. Mit Salz, Pfeffer, Zucker und Muskat würzen. Pfifferlinge mit Bohnenkraut abschmecken.*

5 *Kräuterfond auf 75 °C temperieren, das Filet darin 15 Minuten rosa garen.*

6 *Restliches Öl erhitzen und die Kartoffeln knusprig braten. Bohnen und Pfifferlinge mischen. Nochmals abschmecken. Butter dazugeben, schmelzen lassen.*

7 *Das Kalbsfilet aus dem Sud nehmen, kurz ruhen lassen und in den gehackten Kräu-*

je ½ Bund	Thymian, Petersilie, Basilikum, Estragon und Rosmarin
1	Knoblauchknolle
1 l	Geflügelbrühe
5	Lorbeerblätter
4	Gewürznelken
10	Wacholderbeeren
10	schwarze Pfefferkörner
20	Korianderkörner
600 g	helles Kalbsfilet (vom Metzger in Form gebunden)
4	festkochende Kartoffeln Salz
400 g	breite grüne Bohnen
300 g	kleine Pfifferlinge
4	Schalotten
4 EL	Öl
50 g	mild geräucherte Bauchspeckwürfel Salz · Pfeffer aus der Mühle · Zucker · frisch geriebene Muskatnuss
1 TL	getrocknetes Bohnenkraut
100 g	kalte Butterwürfel

tern wälzen. In Scheiben schneiden, mit Salz und Pfeffer würzen. Bohnen-Pfifferling-Gemüse und Kartoffelwürfel auf Teller verteilen und die Filetscheiben darauf anrichten.

Der ewige Zweifler:

Warum er Bamberger Hörnchen liebt und wieso Ehrlichkeit gegenüber dem Gast so wichtig ist

Ein Freund der ersten Stunde, ohne den es Kerners Köche wahrscheinlich nicht gegeben hätte.

JOHANN LAFER

Johann ist ein absolut zuverlässiger Mensch und jemand, der – wenn es sein muss – zwar keine Bäume, aber Küchen versetzt. Wie bereits vorne im Buch ausführlich geschildert, wäre es ohne seine Hilfe kaum möglich gewesen, die erste Sendung innerhalb von knapp drei Tagen auf die Beine zu stellen. Doch ich bewundere noch viel mehr an ihm. Egal, welchen Gang Johann über Ländergrenzen hinweg kocht, erschafft er stets losgelöste Eigenkreationen auf höchstem Sterneniveau. Dies beweist er seit vielen Jahren in seinen Restaurants auf der *Stromburg* in Stromberg. Die Zuschauer lieben Johann nach wie vor. Und trotz des hart erarbeiteten und wohlverdienten Ruhms bleibt er wegen seiner eigenen höchsten Ansprüche an sich selbst ein ewiger Zweifler.

➤➤ Was ist die prägendste Erinnerung an *Kerners Köche* ? *Jede einzelne Sendung war eine Herausforderung, weil man etwas Außergewöhnliches, für den Zuschauer Nachvollziehbares machen wollte. Zudem der Ansporn gegenüber den Kollegen, besonders gut zu sein. Zusammen mit dem Zeitdruck war die Herausforderung groß.*

➤➤ Was ist für dich die leckerste Kartoffelsorte? *Die festen Bamberger Hörnchen, perfekt für Schnitzel mit Kartoffelsalat oder Bratkartoffeln.*

➤➤ Molekularküche und Co. – was kommt als Nächstes in der Top-Gastronomie? *Klare Sache: Casual Dining. Die Leute wollen gut essen und trinken, aber eher etwas ungezwungener und lässiger genießen.*

➤➤ Wann wurdest du zum letzten Mal so richtig abgekocht? *Solche Situationen lassen sich nicht vermeiden. Ich habe im Laufe der Zeit gelernt, damit umzugehen.*

➤➤ Welche Marotte konntest du in der Küche bis heute nicht ablegen? *Dass ich recht ungeduldig bin und manchmal nicht die innere Ruhe habe, längere Prozesse abzuwarten. Das ist zwar ein wenig besser geworden, abgelegt habe ich es aber bis heute nicht.*

➤➤ Wen würdest du gerne einmal bekochen? *Den abgetretenen deutschen Papst, das ist mir aber nicht gelungen. Ansonsten einfach Menschen, die gutes Essen zu schätzen wissen.*

➤➤ Garnelen stehen bei vielen Restaurants als ungleich teurere Scampi auf der Karte – hast du auch schon geschummelt? *Nein, es ist eine Grundregel, zum Gast ehrlich zu sein. Natürlich versucht man manchmal, aus der Not eine Tugend zu machen. Doch wenn es um die wahren Inhalte eines Gerichts geht, bin ich kompromisslos und gebe lieber einen Fehler zu, bevor ich jemandem das Gefühl vermittle: Das fällt ja gar nicht auf.*

➤➤ Was war das Exotischste, das du je probiert hast? *Für eine ZDF-Reise durch China gekochte Lammaugen, frittierte Hühnerfüße und Schlangengallen in Schnaps serviert.*

➤➤ Was und wie Menschen essen, lässt das Rückschlüsse auf ihren Charakter/Lebensstil zu? *Absolut. Wobei Geschmack nicht angeboren ist, der muss anerzogen werden. Deswegen stören mich auf Speisekarten auch spezielle Kindergerichte. Kinder sollten das probieren, was ihre Eltern essen, um zu wissen: Was essen meine Eltern und wie schmeckt das?*

Johanns Green Curry mit Red Snapper und Garnelen

von JOHANN LAFER

ZUBEREITUNG

1 *Für die Würzpaste Koriandergrün samt Wurzeln waschen und trocknen. Schalotten, Knoblauch sowie Galgant schälen und klein schneiden. Chilischoten längs halbieren, entkernen und waschen. Vorbereitete Zutaten, Garnelenpaste und Öl pürieren.*

2 *Zitronengras putzen, äußere Blätter entfernen. Das Helle in feine Streifen schneiden. Limettenblätter waschen und trocknen, Korianderkörner im Mörser fein zerstoßen. Die Kokosmilch im Wok aufkochen, Zitronengras, Limettenblätter, zerstoßenen Koriander, Salz, Zucker und etwas Sojasauce dazugeben. Den Wok vom Herd nehmen und die Milch etwa 10 Minuten ziehen lassen.*

3 *Je nach Geschmack selbst gemachte Würzpaste mit dem Stabmixer unterrühren. Die gewürzte Kokosmilch durch ein Sieb passieren und zurück in den Wok geben.*

4 *Fisch und Garnelen waschen und trocknen. Den Red Snapper in Streifen schneiden. Fisch und Garnelen in der Kokosmilch etwa 5 Minuten gar ziehen lassen.*

5 *Zuckerschoten putzen, waschen und mit den Erbsen in Salzwasser etwa 4 Minuten blanchieren. Abgießen, kalt abschrecken und abtropfen lassen. Möhren putzen, schälen und in feinste Streifen schneiden. Das Gemüse in der Kokosmilch erwärmen und das Curry mit Thai-Basilikum garniert servieren. Dazu passt Basmatireis.*

ZUTATEN *für 4 Personen*

50 g	Koriandergrün (mit Wurzel)
2	Schalotten
2	Knoblauchzehen
50 g	Galgantwurzel
6	große grüne Chilischoten
1 TL	Garnelenpaste
½ l	Pflanzenöl
3 Stangen	Zitronengras
3	Kaffir-Limettenblätter
1 EL	Korianderkörner
½ l	Kokosmilch
	Salz · Zucker
	Sojasauce
200 g	Seeteufelmedaillons
200 g	Red-Snapper-Filets
8	Riesengarnelen (küchenfertig)
70 g	Zuckerschoten
70 g	Tiefkühl-Erbsen
70 g	Möhren
	Thai-Basilikumblätter zum Garnieren

JOHANNES B. KERNER

„Ich liebe Currys, besonders thailändische, sowohl grüne als auch rote. Dies hier zeigt, dass auch Johann sie liebt, wie er überhaupt einen Hang zum Asiatischen hat."

JOHANNES B. KERNER

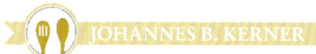

„Johann hat dieses Rezept in der Sendung mit einem speziellen Topf, einer Couscoussière, zubereitet – einer Art Dampftopf, da Couscous nicht gekocht, sondern gedämpft wird. Da Sie so einen Topf eher nicht besitzen, sollten Sie, wie im Rezept angegeben, Instant-Couscous benutzen. Bei dessen Herstellung wird der Hartweizengrieß vorgegart und erneut getrocknet, weshalb er nur noch in heißem Wasser quellen muss.“

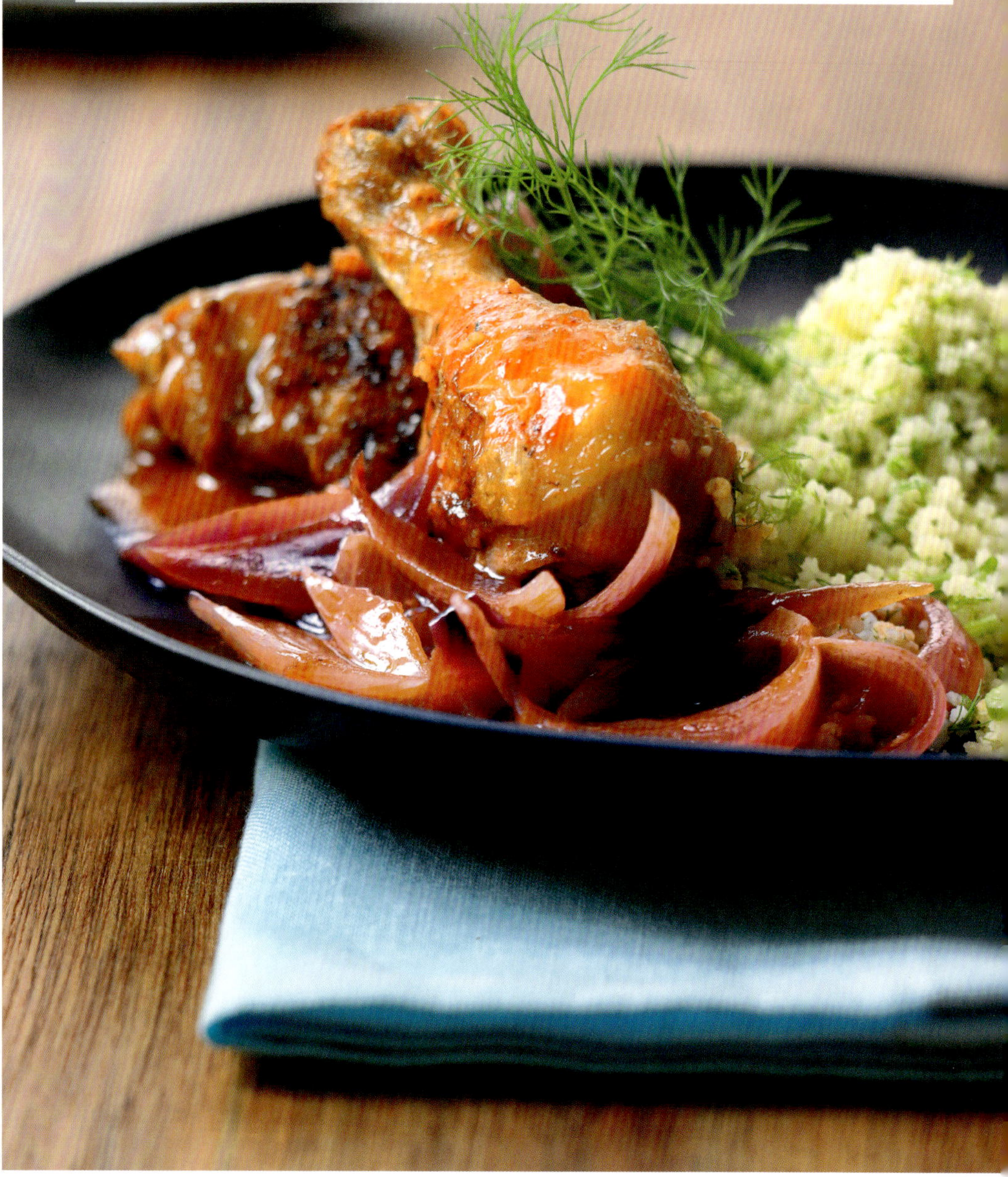

Hähnchenschenkel mit Zwiebelsauce und Fenchel-Couscous

von JOHANN LAFER

ZUTATEN *für 4 Personen*

ZUBEREITUNG

1 *Die Hähnchenkeulen waschen, trocken tupfen und im Gelenk halbieren. Die Zwiebeln und den Knoblauch schälen, die Zwiebeln in Streifen, den Knoblauch in feine Würfel schneiden.*

2 *Das Olivenöl in einer Pfanne erhitzen und die Hähnchenkeulen darin rundum goldbraun anbraten. Die Zwiebeln und den Knoblauch dazugeben und mitbraten. Das Tomatenmark hinzufügen und unter Rühren kurz anrösten, mit der Brühe ablöschen. Die Zwiebelsauce mit Carvi, Koriander, Salz, Pfeffer und Harissa kräftig würzen und zugedeckt bei schwacher Hitze etwa 30 Minuten köcheln lassen.*

3 *Für den Couscous das Fenchelgrün waschen, trocken schütteln und fein hacken, etwas gehacktes Grün zum Garnieren beiseitelegen. Den Couscous mit dem Olivenöl con limone verrühren, mit ½ l kochendem Wasser übergießen und etwa 5 Minuten quellen lasssen. Den Couscous mit einer Gabel auflockern und mit Salz und Pfeffer würzen. Die Butter und nach Belieben noch etwas Olivenöl con limone unterrühren.*

4 *Die Hähnchenschenkel mit der Sauce und dem Couscous auf Tellern anrichten und mit gehacktem Fenchelgrün garniert servieren.*

4	Hähnchenkeulen (mit Haut)
2	rote Zwiebeln
4	Knoblauchzehen
5 EL	Olivenöl
2 EL	Tomatenmark
½ l	Geflügelbrühe
1 EL	Carvi-Pulver (gemahlener Kümmel)
1 EL	gemahlener Koriander Salz · Pfeffer aus der Mühle
1 EL	Harissa (scharfe tunes. Würzpaste)
200 g	Fenchelgrün
500 g	Instant-Couscous
2 EL	Olivenöl con limone
2 EL	Butter

„Wenn die Schale verwendet wird,
auch Zitrusfrüchte in Bio-Qualität
vor dem Schälen oder Abreiben
heiß waschen und kräftig trocken
reiben."

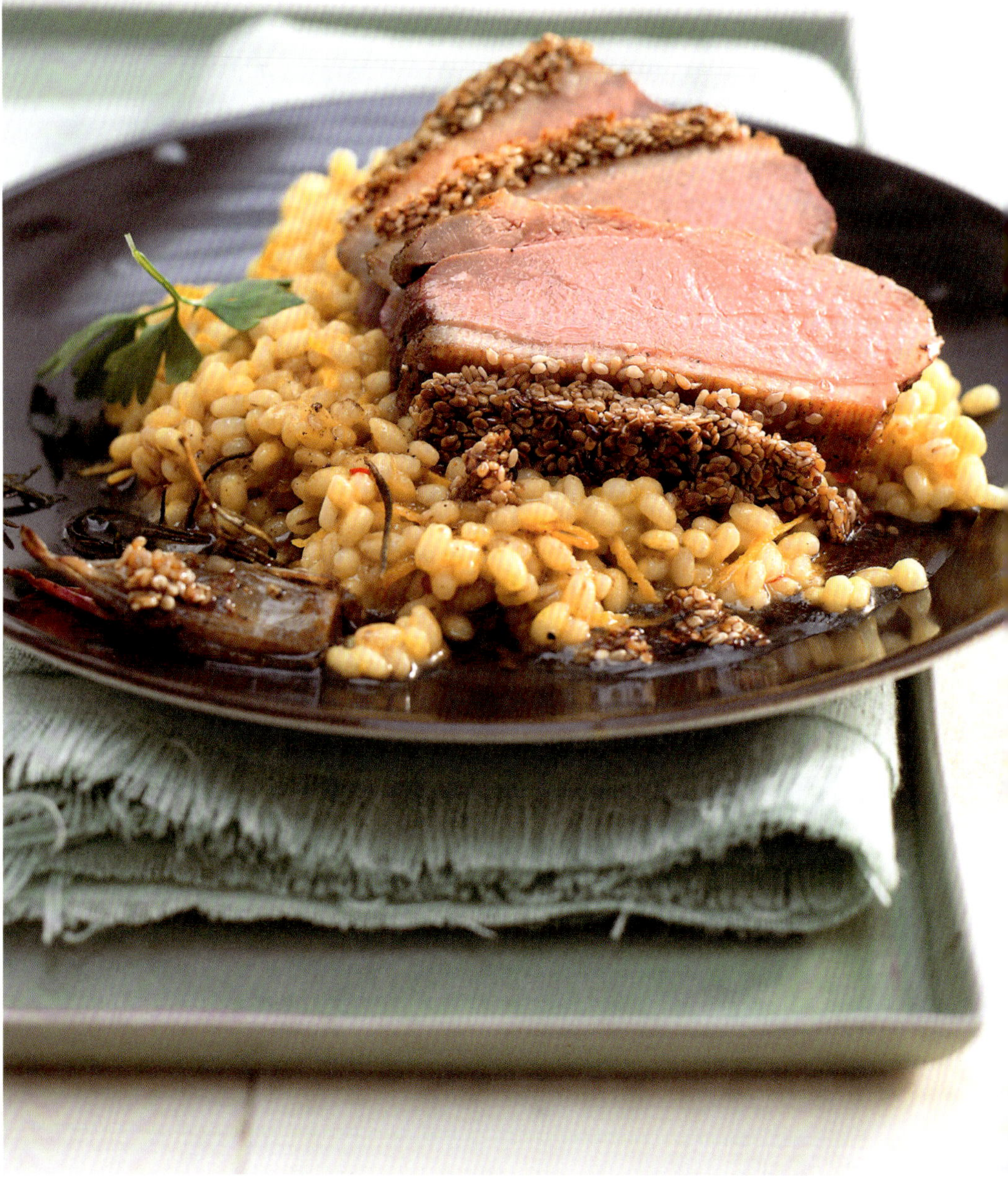

Entenbrust in Sesam-Honig-Kruste mit Orangengraupen

von JOHANN LAFER

ZUBEREITUNG

1 *Den Backofen auf 130 °C vorheizen. Entenbrüste waschen und trocken tupfen, Haut rautenförmig einschneiden. Kräuter waschen und trocknen. Butterschmalz in einer Pfanne zerlassen und Entenbrüste darin auf der Hautseite bei starker Hitze 5 bis 7 Minuten anbraten. Thymian, Rosmarin und Schalottenhälften dazugeben, Fleisch salzen und pfeffern. Entenbrüste wenden und weitere 30 Sekunden braten. 40 g Butter dazugeben und die Entenbrüste darin glasieren.*

2 *Entenbrüste, Kräuter sowie Schalotten in einer Auflaufform mit der Pfannenbutter übergießen und im heißen Ofen etwa 15 Minuten fertig garen.*

3 *Geflügelfond, Honig, 75 g Butter, Sojasauce und Sesamsamen unter Rühren dickflüssig einkochen lassen. Mit Salz und Chili würzen und abkühlen lassen.*

4 *Den Backofengrill einschalten. Die Haut der Ente mit Sesamhonig bestreichen und unter dem Backofengrill auf mittlerer Schiene goldbraun überbacken.*

5 *Die Graupen abgießen und in 30 g zerlassener Butter andünsten. Nach und nach Orangensaft unterrühren. Graupen bei schwacher Hitze etwa 30 Minuten bissfest garen.*

6 *Orangenzesten und 20 g Butter unter die Graupen rühren. Mit Salz und Chili abschmecken. Petersilie unterheben.*

ZUTATEN *für 4 Personen*

4	Barbarie-Entenbrüste (à 180 g; mit Haut)
2 Zweige	Thymian
1 Zweig	Rosmarin (ca. 15 cm)
1 EL	Butterschmalz
	Salz · weißer Pfeffer aus der Mühle
165 g	Butter
2	Schalotten (geschält und halbiert)
50 ml	Geflügelfond
80 g	Honig
2 EL	Sojasauce
100 g	weiße Sesamsamen
	Chili aus der Gewürzmühle (ersatzweise Chilipulver)
100 g	Graupen (über mehrere Stunden in kaltem Wasser eingeweicht)
ca. ½ l	frisch gepresster Orangensaft (aus 6–8 Orangen)
Zesten von 1½	unbehandelten Orangen
1 EL	fein gehackte Petersilie

7 *Orangengraupen auf Teller verteilen. Entenbrüste in Scheiben geschnitten anlegen. Mit Würzbutter aus der Form beträufeln. Das Fleisch mit etwas Salz würzen und nach Belieben mit Kerbel garnieren.*

Gegrillte Pfirsiche mit Rosmarineis und Himbeerkrokant

von JOHANN LAFER

ZUTATEN *für 4 Personen*

FÜR DAS EIS

1	Tahiti-Vanilleschote
3 Zweige	Rosmarin
¼ l	Milch
250 g	Sahne
100 g	Zucker
4	Eier
4	Eigelb

AUSSERDEM

150 g	Himbeerbonbons
4	Pfirsiche
etwas	Puderzucker

ZUBEREITUNG

1 *Für das Eis die Vanilleschote längs einritzen. Das Mark herauskratzen. Rosmarin waschen und trocken schütteln. Milch, Sahne, Zucker, Vanillemark und Rosmarin aufkochen. Vom Herd nehmen und einige Stunden – am besten über Nacht – ziehen lassen.*

2 *Die Sahnemischung wieder aufkochen und den Rosmarin entfernen. Die Eier und die Eigelbe in einer Schüssel mit dem Schneebesen schaumig rühren, dann die kochende Flüssigkeit unter Rühren langsam in die Eimasse gießen. Die Sahne-Ei-Mischung wieder in den Topf geben, erwärmen und zur Rose abziehen (das heißt, die Flüssigkeit hat die richtige Konsistenz, wenn sich bei einem eingetauchten Löffel auf dem Löffelrücken eine Rose bildet). Vorsicht, die Masse darf nicht mehr kochen! Die Sahne-Ei-Mischung abkühlen lassen, durch ein feines Sieb gießen und in der Eismaschine zu einem cremigen Eis gefrieren lassen.*

3 *Für den Himbeerkrokant den Backofengrill einschalten. Die Himbeerbonbons im Küchenmixer zu feinem Pulver mahlen. Das Himbeerpulver durch ein Sieb auf ein mit Backpapier ausgelegtes Backblech streuen und unter dem Backofengrill etwa 15 Sekunden schmelzen lassen. Den Himbeerkrokant abkühlen lassen und in grobe Stücke brechen.*

4 *Für die gegrillten Pfirsiche die Haut der Pfirsiche mit einem scharfen Messer kreuzweise einritzen. Die Pfirsiche kurz in kochendes Wasser tauchen, in Eiswasser abschrecken und anschließend die Haut abziehen. Die Pfirsiche halbieren und den Stein entfernen. Die Pfirsichhälften mit Puderzucker bestäuben und entweder in einer Grillpfanne oder auf dem Gartengrill braten, sodass der Puderzucker karamellisiert.*

5 *Zum Anrichten jeweils 1 Kugel Rosmarineis in die Pfirsichhälften füllen und den Himbeerkrokant darauflegen. Nach Belieben mit Minze und Himbeermark garnieren.*

Der über sich selbst lachen kann:

Was passierte, als er Jamie Oliver traf, und warum er für die Kanzlerin kochen möchte

Sein Entertainment-Gen bleibt niemandem verborgen.

HORST LICHTER

H orst hat eine genauso bemerkenswerte Laufbahn hinter sich, wie er ein absolut außergewöhnlicher Mensch ist. Und viele entscheidende Stationen seiner Karriere durfte ich miterleben. Als er das erste Mal zu mir in die Sendung kam, war er TV-Zuschauern noch eher unbekannt. Zwei Jahre später saß er auf dem *Wetten, dass..?*-Sofa – das sagt eigentlich alles. Mit seiner unvergleichlichen Art und seinem absoluten Entertainment-Gen zieht er alle in seinen Bann. Das Schöne an Horst ist, dass er sich trotz seiner ernsten Lebensgeschichte selbst nicht so wahnsinnig ernst nimmt – er kann über sich selbst lachen. Und das ist nicht nur meiner Meinung nach ganz wichtig im Leben. Schließlich ist, wie er selbst sagt, das Leben zu kurz für schlechte Laune.

➡➡ Was ist die prägendste Erinnerung an *Kerners Köche* ? *Als Johannes, den ich immer bewundert hatte und nur aus dem Fernsehen kannte, das erste Mal auf mich zukam und sagte: „Hallo Hotte, dass du dabei bist, macht mir große Freude." Johannes hatte generell große Fairness und Überparteilichkeit den Köchen gegenüber.*

➡➡ Hast du bei *Kerners Köche* bei der Beurteilung anderer Gerichte immer die Wahrheit gesagt? *Einmal nicht, als Jamie Oliver einen Fisch in einer Keksdose geräuchert hat. Aber nicht etwa mit wunderbaren Räucherholzchips, sondern mit Hamsterstreu. Es hat einfach widerwärtig geschmeckt.*

➡➡ Molekularküche und Co. – was kommt als Nächstes in der Top-Gastronomie? *Meine Hoffnung: die Rückbesinnung auf Basics, das wahre Leben.*

➡➡ Welches Schulfach würdest du einführen? *Respekt, Demut und Dankbarkeit. Das wäre ein sehr schönes Schulfach.*

➡➡ „Der Verzehr von Wurst kann Krebs auslösen!" – Was war dein erster Gedanke? *Die sollen aufhören zu suchen. Es war so lecker!*
Was der zweite? *Ich esse weiter Fleisch. Jetzt nutzt es auch nichts mehr.*

➡➡ Wen würdest du gerne einmal bekochen? *Angela Merkel. Aber ganz alleine, weil ich glaube, sie hat sehr viel zu erzählen.*

➡➡ Was war das Exotischste, das du je probiert hast? *Austern. Ich kann bis heute nicht verstehen, dass die irgendjemand essen möchte. Das ist für mich eine Dschungelprüfung für Reiche.*

➡➡ Erinnerst du dich an einen Geschmack/Geruch deiner Kindheit? *Rodonkuchen von Mama. Wenn ich nach Hause kam und der stand auf dem Tisch, den hab' ich so weggemacht, obwohl er nicht saftig war.*

➡➡ Warum kochen zu Hause meist die Frauen, es finden sich aber kaum welche unter den Küchenchefs? *Es ist so schade, auch die Fernsehsender suchen ja immer interessante, tolle Frauen, die gut kochen. Vielleicht trauen die sich nicht. Ich würde mir wünschen, dass sich das ändert.*

➡➡ Was und wie Menschen essen, lässt das Rückschlüsse auf ihren Charakter/Lebensstil zu? *Ich denke: ja. Ich hasse nichts mehr, als wenn Menschen beide Arme auf dem Tisch liegen haben, mit offenem Mund kauen und danach noch rülpsend durch die Gegend gucken.*

➡➡ Mit welchem Gericht hast du versucht, deine erste Liebe rumzubekommen? *Kinder, da ess' ich doch nicht … da will ich schmusen …*

Schokoküsse mit Nuss-Sahne

von HORST LICHTER

ZUTATEN *für 4 Personen*

1	unbehandelte Zitrone
5	Eier
150 g	Zucker
150 g	Mehl
	Puderzucker zum Bestäuben
250 g	dunkle Kuvertüre
1 cl	Cognac
500 g	Sahne
3 Päckchen	Vanillezucker
2 EL	Haselnüsse (fein gehackt)

ZUBEREITUNG

1 Den Backofen auf 180 °C vorheizen. Die Zitrone heiß waschen, trocken reiben und die Schale fein abreiben. Die Eier trennen und die Eiweiße steif schlagen, dabei den Zucker einrieseln lassen. Die Eigelbe verquirlen und nach und nach unterheben. Das Mehl auf den Eischnee sieben, die Zitronenschale hinzufügen und beides ebenfalls unterheben.

2 Ein Backblech mit Backpapier auslegen. Die Eimasse in einen Spritzbeutel mit großer Lochtülle füllen, kleine Häufchen mit etwa 3 cm Abstand auf das Backblech spritzen (30 bis 40 Stück) und mit Puderzucker bestäuben. Die Plätzchen im vorgeheizten Backofen auf der mittleren Schiene 10 bis 15 Minuten goldbraun backen und noch heiß vom Backpapier lösen.

3 Die Kuvertüre grob hacken, im heißen Wasserbad schmelzen lassen und mit dem Cognac und etwas Sahne glatt rühren. Die restliche Sahne mit dem Vanillezucker steif schlagen und die Haselnüsse unterrühren.

4 Zum Servieren nach Belieben die Oberseite der Biskuitplätzchen mit einem scharfen Messer glatt schneiden. Auf zwei Drittel der Plätzchen jeweils mittig 1 Klecks geschmolzene Schokolade geben und etwas Nuss-Sahne darauf verteilen. Je 2 Plätzchen aufeinandersetzen und mit den restlichen Plätzchen bedecken. Die Küsse mit der übrigen Schokolade überziehen und etwa 10 Minuten in den Kühlschrank stellen, damit die Schokolade fest wird. Nach Belieben mit Puderzucker bestäubt servieren.

5 Alternativ kann man zwei Drittel der Plätzchen nur mit Schokolade bestreichen und jeweils 2 Plätzchen aufeinandersetzen. Mit den restlichen Plätzchen bedecken, mit der übrigen Schokolade überziehen und fest werden lassen. Für die Deko 2 Orangen schälen, 1 Orange in Scheiben schneiden, die zweite filetieren. Je 2 Orangenscheiben auf Dessertteller legen, die Schokoküsse darauf anrichten und mit etwas Sahne und 1 Orangenfilet garnieren.

Die Perle Luxemburgs:

Welche Dinge ihr nicht auf den Teller kommen und was Essen über den Lebensstil aussagt

Die Gewinnerin des legendären „Bocuse d'Or" hat sich in die Herzen der Zuschauer gekocht.

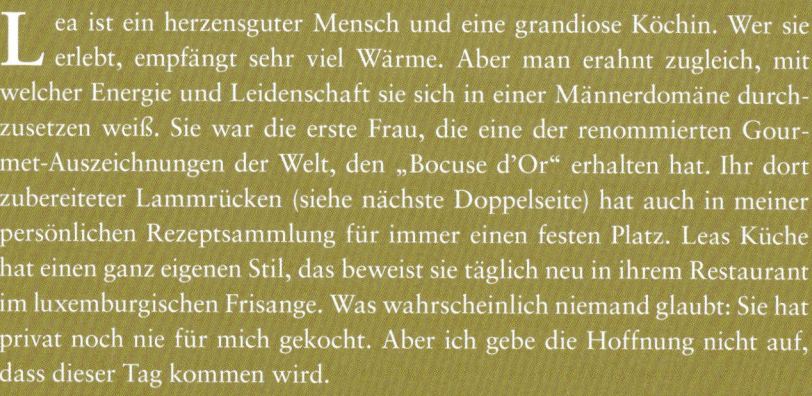

LEA LINSTER

Lea ist ein herzensguter Mensch und eine grandiose Köchin. Wer sie erlebt, empfängt sehr viel Wärme. Aber man erahnt zugleich, mit welcher Energie und Leidenschaft sie sich in einer Männerdomäne durchzusetzen weiß. Sie war die erste Frau, die eine der renommierten Gourmet-Auszeichnungen der Welt, den „Bocuse d'Or" erhalten hat. Ihr dort zubereiteter Lammrücken (siehe nächste Doppelseite) hat auch in meiner persönlichen Rezeptsammlung für immer einen festen Platz. Leas Küche hat einen ganz eigenen Stil, das beweist sie täglich neu in ihrem Restaurant im luxemburgischen Frisange. Was wahrscheinlich niemand glaubt: Sie hat privat noch nie für mich gekocht. Aber ich gebe die Hoffnung nicht auf, dass dieser Tag kommen wird.

➨ Was ist die prägendste Erinnerung an *Kerners Köche* ? *Das erste Mal, so wie in der Liebe. Sehr aufregend und wunderschön war's.*

➨ Hast du bei *Kerners Köche* bei der Beurteilung anderer Gerichte immer die Wahrheit gesagt? *Nein, nicht immer, manchmal habe ich der Show wegen ganz charmant geschummelt.*

➨ Molekularküche und Co. – was kommt als Nächstes in der Top-Gastronomie? *Trends kommen und gehen, das Gute bleibt.*

➨ Wann wurdest du zum letzten Mal so richtig abgekocht? *Noch nie! Ich bin doch kein Suppenhuhn!!*

➨ Welches Schulfach würdest du einführen? *Die Privatwissenschaft, wie man sich von Mensch zu Mensch versteht.*

➨ Welche Marotte konntest du in der Küche bis heute nicht ablegen? *Ich habe immer alles kosten wollen und das Leckere gleich zweimal.*

➨ Wen würdest du gerne einmal bekochen? *Johannes B. Kerner – wird so langsam Zeit!*

➨ Garnelen stehen bei vielen Restaurants als ungleich teurere Scampi auf der Karte – hast du auch schon geschummelt? *Nein, definitiv nicht.*

➨ Was sollte man Minimum für ein gutes Kochmesser ausgeben? *100 Euro*

➨ Was war das Exotischste, das du je probiert hast? *Eine total ausgeflippte Riesenmuschel auf dem Pike Place Market in Seattle.*

➨ Was und wie Menschen essen, lässt das Rückschlüsse auf ihren Charakter/Lebensstil zu? *Was den Charakter angeht, ist das rein spekulativ, beim Lebensstil sehe ich es als meine Aufgabe, Menschen den Weg zu weisen.*

➨ Mit welchem Gericht hast du versucht, deine erste Liebe rumzubekommen? *Mit einem Apfelkuchen.*

➨ Was heißt eigentlich „Liebe geht durch den Magen"? *Das heißt, dass der Magen viel besser weiß als das Hirn, was dem Körper guttut und er lässt es uns lieben.*

➨ Verrätst du mir ein Rezept in Twitter-Länge? *Crème brulée: 125 ml Milch, 375 g Sahne, 75 g Zucker, 4 Eigelb, Mark von 1 Vanilleschote. Verquirlen, durchziehen lassen, 45 Min. bei 150 °C garen, 6 EL brauner Zucker drauf – burn, baby burn!*

Lammrücken im Kartoffelmantel „Bocuse d'Or"

von LEA LINSTER

ZUBEREITUNG

1 *Kartoffeln schälen, waschen und in feine Streifen hobeln. Gut ausdrücken und trocken tupfen. 3 EL Öl in einer beschichteten Pfanne (etwa 24 cm Ø) erhitzen und die Hälfte der Streifen etwa 1/2 cm dick hineingeben. Auf einer Seite goldbraun backen, dabei darf kein Öl an die Oberfläche kommen. Den Puffer mit der gebratenen Seite nach unten auf ein Küchentuch gleiten lassen und mit 1 EL Petersilie bestreuen. Aus den restlichen Kartoffeln im übrigen Öl einen weiteren Puffer backen, ebenfalls auf ein Küchentuch geben und mit der restlichen Petersilie bestreuen.*

2 *Den Backofen auf 220°C vorheizen. Das Fleisch in 2 gleich große Stücke à 20 cm Länge schneiden. Mit Salz und Pfeffer würzen, in den Bröseln wenden. Die Stücke jeweils auf das untere Drittel der Kartoffelpuffer legen und mithilfe des Küchentuchs darin einrollen. Kartoffeln und seitliche Enden andrücken. Die Lammrücken im vorgeheizten Backofen auf dem Rost 15 Minuten rosa garen.*

3 *Für die Sauce Fond und Rosmarin in einem Topf bei starker Hitze auf die Hälfte einkochen. Rosmarin entfernen. Kurz vor dem Servieren die Butter mit dem Stabmixer unterrühren, mit Salz und Pfeffer abschmecken.*

4 *Für das Gemüse Möhren schälen. Die Butter in einem Topf bei mittlerer Hitze aufschäumen, Möhren hinzufügen und*

ZUTATEN *für 4 Personen*

FÜR DAS FLEISCH

800 g	festkochende Kartoffeln
6 EL	Öl
2 EL	grob gehackte Petersilie
400–500 g	Lammrücken (ausgelöst)
	Salz · Pfeffer aus der Mühle
50 g	frisch geriebenes Weißbrot (Semmelbrösel)

FÜR DIE SAUCE

½ l	Lammfond
1 Zweig	Rosmarin
50 g	kalte Butterstückchen
	Meersalz
	Pfeffer aus der Mühle

FÜR DAS GEMÜSE

1 Bund	junge Möhren (ca. 10 Stück)
60–80 g	Butter
	Meersalz · 1 Prise Zucker
2	Knoblauchzehen
ca. 400 g	grüne Bohnenkerne

mit Salz und Zucker würzen. Knoblauch ungeschält dazugeben. Möhrenhälften zugedeckt bei schwacher Hitze 15 Minuten hellbraun schmoren, nach 7 Minuten den Deckel abnehmen.

5 *Die Bohnenkerne etwa 4 Minuten blanchieren. Abgießen, kalt abschrecken und abtropfen lassen. Das Fleisch in je 4 Scheiben schneiden. Je 2 Scheiben mit Möhren und Bohnen auf Tellern anrichten und mit der Sauce beträufelt servieren.*

Der für den Sultan kochte:

Über die wichtigsten Dinge im Leben und darüber, was passiert, wenn Köche mit Gästen quatschen

In seiner Küche ist es tatsächlich so sauber, dass man auf dem Boden speisen könnte.

CHRISTIAN LOHSE

C hristian war zweimal in meiner Sendung zu Gast. Wegen seiner Koch-jacke und seiner scharfen Zunge wurde er bei uns intern häufig „Der schwarze Abt" genannt. Zu dieser Zeit war er bereits einen *Michelin*-Stern schwer, aber er wollte mehr – und er erreichte mehr. Denn wer kann schon von sich sagen, unter anderem für den Sultan von Brunei gekocht zu haben? Heute verwöhnt Christian seine Gäste im Berliner Zwei-Sterne-Restaurant *Fischers Fritz* mit moderner französischer Küche auf allerhöchstem Niveau. Auch dem Fernsehen ist Christian treu geblieben und schaut immer wieder vorbei. Neben Auftritten als Gast-Juror in der Koch-Castingshow *The Taste* (SAT.1) hat er sich 2015 in der Show *Game of Chefs* auf VOX als Juror selbst auf die Suche nach Kochtalenten begeben.

➤➤ Was ist die prägendste Erinnerung an *Kerners Köche* ? *Ich war mit dem Stubenküken (siehe nächste Doppelseite) zeitlich weit hinten dran und Schuhbeck half mir raus!*

➤➤ Molekularküche und Co. – was kommt als Nächstes in der Top-Gastronomie? *Wir werden uns besinnen auf die wichtigen Dinge des Lebens. Sehr gute Naturprodukte, so wenig manipuliert wie möglich, mit größtem Respekt vor der Natur und dem Gast verarbeitet. Köche werden keine Stars mehr sein und ihre Gäste nicht mehr zu Fans degradieren.*

➤➤ Wann wurdest du zum letzten Mal so richtig abgekocht? *Vor kurzem in einem berühmten Drei-Sterne-Restaurant in Frankreich.*

➤➤ Welches Schulfach würdest du einführen? *Ich habe das nach langem Gerede mit dem Kultusminister von NRW bereits gemacht und zwar Hauswirtschaft.*

➤➤ „Der Verzehr von Wurst kann Krebs auslösen!" – Was war dein erster Gedanke? *Dummköpfe.* Was der zweite? *Esst mehr Wurst!*

➤➤ Welche Marotte konntest du in der Küche bis heute nicht ablegen? *Die Küche klinisch rein wie einen OP zu haben.*

➤➤ Wen würdest du gerne einmal bekochen? *Prince*

➤➤ Garnelen stehen bei vielen Restaurants als ungleich teurere Scampi auf der Karte – hast du auch schon geschummelt? *Nein. Ich bin so ehrlich, wie es mein Wissen erlaubt. So kann ich morgens in den Spiegel gucken.*

➤➤ Was war das Exotischste, das du je probiert hast? *Krabbelnde frittierte Insekten. Ekelhaft.*

➤➤ Erinnerst du dich an einen Geschmack/Geruch deiner Kindheit? *Sauerbraten mit Klößen und den Geruch von Kartoffelkochwasser. Sensationell.*

➤➤ Hast du schon mal ein ganzes Menü versemmelt? *Nein. Einen Hauptgang, weil ich zu lange mit Gästen gequatscht habe.*

➤➤ Was und wie Menschen essen, lässt das Rückschlüsse auf ihren Charakter/Lebensstil zu? *Sie zeigen dabei komplett ihre Seele.*

➤➤ Verrätst du mir ein Rezept in Twitter-Länge? *Olivenöl auf Sauerteigbrot. Grillen. Einreiben mit Knoblauch. Vollreife Tomaten drauf. Feigenschnitt, Basilikum, Knoblauch, Salz, Olivenöl. Lohses Tomatenstulle.*

Stubenküken in Morchelrahm

von CHRISTIAN LOHSE

ZUTATEN *für 4 Personen*

ZUBEREITUNG

1 *Für den Morchelrahm die getrockneten Pilze grob zerschneiden, unter kaltem Wasser gründlich abspülen und im Geflügelfond mindestens 1 Stunde einweichen.*

2 *Die Gemüsezwiebel schälen und in grobe Würfel schneiden. Den Knoblauch quer halbieren. Die Möhren waschen, putzen und schälen, dabei das Grün etwa 3 cm hoch stehen lassen.*

3 *Die Stubenküken waschen, trocken tupfen, mit etwas Olivenöl einreiben, mit Fleur de Sel sowie Pfeffer würzen und in jeweils 4 Stücke teilen. Das restliche Öl in einem Bräter erhitzen und die Geflügelteile darin bei mittlerer Hitze rundherum anbraten. Herausheben und beiseitestellen.*

4 *Für die Sauce die Butter im selben Bräter bei mittlerer Hitze aufschäumen, Zwiebel, Knoblauch und Gemüse darin anschwitzen und mit Zucker, Salz und Pfeffer würzen. Herausnehmen und ebenfalls beiseitestellen.*

5 *Die Morcheln aus dem Fond nehmen und noch einmal gründlich waschen. Den Fond durch ein sehr feines Sieb gießen. Keulen, Morcheln und Geflügelbrühe in den Bräter geben. Die Crème fraîche unterrühren, alles aufkochen und bei mittlerer Hitze 20 Minuten köcheln lassen.*

6 *Bruststücke und Möhren dazugeben und alles weitere 7 Minuten köcheln lassen. In*

FÜR DEN MORCHELRAHM

30 g	getrocknete Morcheln
200 ml	warmer Geflügelfond
1	Gemüsezwiebel
1	Knoblauchknolle
8	junge Bundmöhren (mit Grün)
80 g	Butter
1 Prise	Zucker
	Salz
	schwarzer Pfeffer aus der Mühle
200 g	Crème fraîche
1 Spritzer	Zitronensaft
1 Bund	Kerbel

FÜR DIE STUBENKÜKEN

2	Stubenküken (küchenfertig; abgeflammt)
2–3 EL	Olivenöl
	Fleur de Sel

der Zwischenzeit eine große Porzellan-Servierplatte temperieren. Den Kerbel waschen, trocknen und die Blätter abzupfen.

7 *Das Stubenkükenragout mit Zitronensaft, Zucker, Salz und Pfeffer abschmecken, auf der vorgewärmten Platte anrichten und großzügig mit Kerbel bestreut servieren. Dazu passt zum Beispiel eine Scheibe Baguette.*

Der Popstar unter den Köchen:

Welchem Kollegen er Respekt zollt und welche Tricks die Gastroszene bereithält

Er widerlegt ganz klar das (Vor-)-Urteil, Norddeutsche seien immer zurückhaltend.

TIM MÄLZER

Tim ist unter deutschen Fernsehköchen derjenige, der Weltstar Jamie Oliver am nächsten gekommen ist. Er gehörte bei *Kerners Köche* ja zu den Gründungsmitgliedern. Damals war er durch seine eigene Sendung schon unwahrscheinlich erfolgreich und ein Senkrechtstarter der Branche. Für die Sendung war er eine echte Bereicherung! Tim widerlegt ganz klar das (Vor-)Urteil, Norddeutsche seien immer zurückhaltend. Und natürlich ist er, was manche unterschätzen, ein fantastischer Koch. Sein Erfolg gibt ihm recht: Zur *Bullerei* (seit 2009) kam 2013 der *Off Club* – erst kürzlich zum „Aufsteiger des Jahres" gekürt –, das *Hausmann's* gibt es in Frankfurt (seit 2012) und in Düsseldorf (seit 2015). Im Fernsehen hat er seit 2013 bei *The Taste* (SAT.1) schon zum zweiten Mal mit seinem Team den Titel nach Hause getragen. Und neben all diesen Verpflichtungen nimmt Tim sich auch noch Zeit für soziale Projekte wie zum Beispiel „KLASSE, KOCHEN!".

➻ Was ist die prägendste Erinnerung an *Kerners Köche* ? *Da gab es viele … Vielleicht als ich mich nach einem Zwei-Stunden-Lehrgang einmal in der Molekular-Patisserie versuchte. Ich wollte auf dicke Hose machen und habe amtlich verkackt. Ein wahres Stickstoffdesaster!*

➻ Gibt es eine Kreation, ein Gericht eines Konkurrenten, auf das du neidisch bist? *Ja, ich finde, der Lafer ist ein wirkliches Kochtalent, bei ihm schmeckt alles extrem gut. Er hat ein Händchen für das, was er tut.*

➻ Molekularküche und Co. – was kommt als Nächstes in der Top-Gastronomie? *Die neue Schlichtheit und Reduktion.*

➻ Wann wurdest du zum letzten Mal so richtig abgekocht? *Wie meinst du das? Ich abgekocht? Dafür bin ich zu abgebrüht!*

➻ Welches Schulfach würdest du einführen? *Hauswirtschaftslehre. Die Vorbereitung auf den Alltag. Kontoführung. Wäschewaschen. Die Grundausbildung fürs Leben.*

➻ „Der Verzehr von Wurst kann Krebs auslösen!" – Was war dein erster Gedanke? *Der Verzehr von Zimtsternen auch.* Was der zweite? *Ich mag diese unreflektierte Wiedergabe der Medien nicht, so etwas ohne den dazugehörigen Kontext darzustellen.*

➻ Welche Marotte konntest du in der Küche bis heute nicht ablegen? *Ungeduld. Alles, was lange dauert, macht mich wuschig, ich muss schnell ein Ergebnis sehen oder zumindest den Weg zu einem Ergebnis.*

➻ Garnelen stehen bei vielen Restaurants als ungleich teurere Scampi auf der Karte – hast du auch schon geschummelt? *Ich glaube, viele Gastronomen kennen den Unterschied wirklich nicht! Aber es gibt Tricks, da wäre mancher verblüfft. Ich koche dir eine Trüffelsauce, die aussieht, riecht und schmeckt wie eine, aber nie eine einzige Trüffel gesehen hat!*

➻ Was war das Exotischste, das du je probiert hast? *Fermentierte Tintenfischinnereien. Hat geschmeckt wie Nasenrotz.*

➻ Hast du schon mal ein ganzes Menü versemmelt? *Nein, aber einen großen Hauptgang für 400 Leute. Über 20 Jahre her. Lammkeulen. Ich bin dann zum Chinesen gegangen und hab Weichmacher gekauft, da waren sie nicht mehr ganz so zäh (lacht).*

➻ Verrätst du mir ein Rezept in Twitter-Länge? *1 kg Mehl. 1 Würfel Hefe. 625 ml H_2O. Salz. Zucker. Verrühren. Gehen lassen. Backen = lecker Brot!*

Roastbeef mit Kräuterkruste und gefülltem Yorkshire-Pudding

von TIM MÄLZER

ZUBEREITUNG

1 *Backofen auf 180 °C vorheizen. Fleisch salzen und pfeffern. Roastbeef in einer ofenfesten Pfanne im heißen Öl scharf anbraten, im Ofen 20 Minuten weitergaren. Kräuter waschen, trocknen und fein hacken. Butter cremig rühren, Kräuter, Semmelbrösel und Parmesan unterrühren, mit Salz und Pfeffer würzen. Roastbeef mit Kräutermasse bestreichen und weitere 10 Minuten garen. Herausnehmen, in Alufolie wickeln und 10 Minuten ruhen lassen.*

2 *Bohnen abgießen, waschen und abtropfen lassen. Tomaten waschen. Knoblauch schälen, fein würfeln und in Olivenöl anbraten. Bohnen kurz mit anbraten. Tomatenmark unterrühren. Tomaten dazugeben und garen, bis Saft austritt. Zitronen heiß waschen, 2 TL Schale fein abreiben, Saft auspressen. Getrocknete Tomaten klein schneiden. Gemüse mit Salz, Pfeffer, Zucker, Zitronenschale, -saft und getrockneten Tomaten abschmecken.*

3 *Für den Pudding Backofen auf 200 °C vorheizen. In 6 Mulden einer Muffinform jeweils 1 TL Öl gießen. Im heißen Ofen 5 bis 10 Minuten sehr heiß werden lassen. Mehl in eine Schüssel sieben, 100 ml Wasser und Milch dazugeben. Alles verquirlen. Eier und 1 Prise Salz unterrühren. Teig rasch in die Muffinmulden gießen. Auf mittlerer Schiene 15 Minuten backen.*

4 *Spinat grob hacken, mit Parmesan und Quark mischen. Die Puddings heraus-*

ZUTATEN *für 4 Personen*

FÜR DAS ROASTBEEF

2 kg	Roastbeef
	Salz · Pfeffer aus der Mühle
2–3 EL	Olivenöl
je 1 Bund	Estragon, Petersilie, Kerbel und Thymian
150 g	weiche Butter
150 g	Semmelbrösel
100 g	geriebener Parmesan

FÜR DAS GEMÜSE

1 große Dose	weiße Bohnen (450 g)
500 g	Kirschtomaten
2	Knoblauchzehen
2 EL	Olivenöl
2 EL	Tomatenmark
2	unbehandelte Zitronen
50 g	getrocknete Tomaten
	Salz · Pfeffer aus der Mühle
	Zucker

FÜR DEN YORKSHIRE-PUDDING

6 TL	Öl · 200 g Mehl
175 ml	Milch · 2 Eier · Salz
100 g	Tiefkühl-Blattspinat (aufgetaut, ausgedrückt)
100 g	geriebener Parmesan
150 g	Speisequark oder Ricotta

nehmen, Oberflächen eindrücken, mit Spinatmasse füllen und weitere 5 Minuten backen. Das Fleisch in Scheiben schneiden, mit Gemüse und Puddings servieren.

Das Multitalent in der Runde:

Wohin der Trend geht und warum man es nicht immer jedem recht machen muss

In seiner Brust schlagen zwei Herzen – das des Spitzenkochs und das des Musikers.

NELSON MÜLLER

Nelsons Lebensgeschichte hat mich von Anfang an beeindruckt. Und wenn man die Lebenszutaten sieht, war auch nicht immer klar, in welche Richtung es ihn ziehen würde. Er ist sowohl Vollblutkoch als auch leidenschaftlicher und sehr guter Musiker. Leider war Nelson nur ein einziges Mal zu Gast bei *Kerners Köche*, denn damals begann seine TV-Karriere gerade erst. Kaum im Fernsehen angekommen, wurde er zum Shooting-Star. Auch mit seinem Restaurant *Schote* in Essen, das er 2009 eröffnete, startete er durch und konnte schon zwei Jahre später den ersten *Michelin*-Stern „erkochen". 2014 kam das Bistro *Müllers auf der Rü* in Essen-Rüttenscheid dazu. Im Fernsehen ist er sehr regelmäßig in verschiedenen Formaten zu sehen, zum Beispiel der *ZDFzeit*, die er moderiert und in der er unser Essen unter die Lupe nimmt.

➤➤ Molekularküche und Co. – was kommt als Nächstes in der Top-Gastronomie? *Hoffentlich LOKAL statt REGIONAL. So viele Trends gehen, neue kommen ... Reagenzgläser als Serviermöglichkeit? Das ist eher etwas für die Erlebnisgastronomie, finde ich.*

➤➤ Was ist der größte Fehler, den Zuschauer von Kochshows bei der Umsetzung des Gesehenen machen? *Es gibt keine größten Fehler, denn gerade beim Kochen lernt man auch aus Fehlern ... ich finde es grandios, wenn sich Leute nach* Kerners Köche *an den Herd begeben. Wir haben oftmals keine einfachen Gerichte dabei.*

➤➤ Wann wurdest du zum letzten Mal so richtig abgekocht? *Ich habe bei* Grill den Henssler *mit meinem Promi-Team ein paar Gänge verloren.*

➤➤ Besteht nicht für den, der stets für das Wohlergehen anderer sorgt, die Gefahr, selbst auf der Strecke zu bleiben? *Beim Kochen nicht in erster Linie, weil es hier jede Menge direktes und positives Feedback gibt. Aber generell ist etwas dran an der Aussage: Wer es jedem jederzeit recht machen will, der bleibt auf der Strecke. So würde ich das eher formulieren.*

➤➤ Welches Schulfach würdest du einführen? *„Lebenslagen" würde ich es nennen oder „Fit für den Alltag".*

➤➤ Welche Marotte konntest du in der Küche bis heute nicht ablegen? *Ich bin ein Kontrollfreak und etwas Kontrolle muss immer noch sein.*

➤➤ Wen würdest du gerne einmal bekochen? *Ach ... wenn jemand gerne isst und ein Genießer ist – das allein ist doch schon super.*

➤➤ Was war das Exotischste, das du je probiert hast? *Ich bin nicht so der Abenteurer, wenn es ums Essen geht!!*

➤➤ Erinnerst du dich an einen Geschmack/Geruch deiner Kindheit? *Klar, an die weltbesten Eintöpfe!*

➤➤ Was mochtest du als Kind überhaupt nicht? *So überhaupt nicht ... gar nichts.*

➤➤ Hast du schon mal ein ganzes Menü versemmelt? *Es ist mir immer gelungen, zumindest Teile zu retten. Wobei: Ich bin weiß Gott nicht unfehlbar ;-)!*

➤➤ Was und wie Menschen essen, lässt das Rückschlüsse auf ihren Charakter/Lebensstil zu? *Auf den Lebensstil schon, klar.*

Lammfilet im Brotmantel mit dicken Bohnen und Thymianrahm

von NELSON MÜLLER

ZUTATEN *für 4 Personen*

FÜR DAS LAMMFILET

200 g	Hähnchenbrustfilet
	Salz · Pfeffer aus der Mühle
8	Lammfilets (à 100 g)
	neutrales Pflanzenöl
	(zum Braten und Frittieren)
je 1 Bund	glatte Petersilie, Basilikum
200 g	Sahne (gut gekühlt) · frisch
	geriebene Muskatnuss
8 Scheiben	Tramezzini (ital. Weißbrot)

FÜR DIE BOHNEN

500 g	dicke Bohnenkerne
	(frisch oder tiefgekühlt)
3–4 Zweige	Thymian
je 1	rote und gelbe Paprikaschote
1	Schalotte
2 EL	Butter · 200 g Sahne

FÜR DEN COUSCOUS

400 ml	Geflügelfond
200 g	Instant-Couscous
2 TL	Raz el Hanout (marok-kan. Gewürzmischung)
80 g	Butterwürfel
4 Stängel	Koriandergrün (gehackt)

ZUBEREITUNG

1 Hähnchenfleisch waschen, trocknen, würfeln, salzen und pfeffern. Mindestens 1 Stunde ins Tiefkühlfach stellen.

2 Lammfilets mit Salz und Pfeffer würzen. Filets in 2 EL heißem Öl bei mittlerer Hitze 2 Minuten anbraten. Herausnehmen und kühl stellen. Kräuter waschen und trocknen. Blätter abzupfen und mit eiskaltem Hähnchenfleisch und Sahne pürieren. Die Farce durch ein feines Sieb streichen. Mit Muskat, Salz und Pfeffer abschmecken. Brotscheiben damit bestreichen. Lammfilets abtupfen, längs auf die Brotscheiben legen, aufrollen und andrücken.

3 Die Bohnenkerne 4 Minuten blanchieren. In Eiswasser abschrecken, abgießen und abtropfen lassen. Backofen auf 170 °C vorheizen. Frittierfett in der Fritteuse oder einem großen Topf auf 180 °C erhitzen.

4 Thymian waschen, trocknen, Blättchen abzupfen und fein hacken. Paprikas schälen, halbieren, entkernen. Schalotte schälen, beides fein würfeln. Butter erhitzen, Gemüse- und Schalottenwürfel anschwitzen. Mit Salz würzen, mit Sahne ablöschen. Sauce etwas einkochen lassen. Mit Thymian, Muskat, Salz und Pfeffer abschmecken. Die Bohnen dazugeben und in der Sauce erwärmen.

5 Die Lammrollen im heißen Öl 2 Minuten frittieren. Herausheben, auf Küchenpapier abtropfen lassen und im heißen Ofen

4 Minuten fertig garen. Fond aufkochen. Couscous damit übergießen und 5 Minuten quellen lassen. Couscous mit Raz el Hanout und Salz abschmecken. Butter und Koriander unterrühren. Lammfilets schräg in Tranchen aufschneiden und mit Bohnen und Couscous auf Tellern anrichten.

Die großartige Köchin mit Charme:

Was Kochen und Mode gemeinsam haben und warum ihr erster
Auftritt bei *Kerners Köche* legendär ist

*Sie ist eine absolu-
te Bereicherung
für Deutschlands
Kochshows.*

CORNELIA POLETTO

C ornelia ist eine herausragende Köchin, ihr erster Satz in meiner Sendung (mehr dazu auf Seite 30) legendär. Trotz der kleinen Panne meis-
terte sie die Situation mit Charme. Ich mag Cornelia wirklich sehr. Nach
Ende der Aufzeichnungen sind wir häufiger in ihrem damaligen Sternerestaurant unweit des Studios gelandet. Das hat sie nach 20 Jahren an den
Nagel gehängt und sich mit ihrer *Gastronomia*, einem Feinkostladen mit
angeschlossenem Restaurant, einen Traum erfüllt. Zu ihrem Motto „Wirklich gutes Essen kann nur aus wirklich guten Produkten entstehen" steht sie
nach wie vor. Ihre eigene Sendung *Polettos Kochschule* läuft in den Dritten
Programmen der ARD, in der Sat.1-Show *The Taste* ist sie als Coach zu
sehen. Bewundernswert, dass sie sich neben all dem Trubel auch noch so-
zial engagiert, zum Beispiel als Schirmherrin des *Altonaer Kinderkranken-
hauses* oder als Lesebotschafterin für die *Stiftung Lesen*.

➻ Was ist der größte Fehler, den Zuschauer von Kochshows bei der Umsetzung des Gesehenen machen? *Viele kochen sofort drauf los, ohne vorher gecheckt zu haben, ob sie wirklich alle Zutaten im Haus haben. Oder sie haben bei den Garzeiten nicht aufgepasst und wundern sich dann, warum es nichts geworden ist. Fazit: Vorher Rezept runterladen!*

➻ Was ist für dich die leckerste Kartoffelsorte?
Die kleinen „La Ratte"-Kartoffeln. Und für meine wunderbaren Rosmarin-Kartoffeln nehme ich Drillinge aus unserer Region – die haben einfach einen fantastischen Geschmack.

➻ Molekularküche und Co. – was kommt als Nächstes in der Top-Gastronomie? *Es ist in der Küche wie in der Mode. Man muss sich immer wieder etwas einfallen lassen, um aufzufallen. Trends vorhersagen kann ich nicht. Ich finde es am wichtigsten, dass man sich selbst und einen eigenen Stil findet, hinter dem man zu 100 Prozent steht.*

➻ Welches Schulfach würdest du einführen? *Ich fände es schön, wenn man den Kindern nicht nur das Kochen, sondern auch die Produktliebe vermitteln könnte. Abseits des Kochthemas bin ich für Reitunterricht an Schulen. Durch Pferde kann man so viel lernen! Sensibilität, Verantwortung, Mitgefühl, ein faires Miteinander, Spaß am Erfolg und vieles mehr.*

➻ „Der Verzehr von Wurst kann Krebs auslösen!" – Was war dein erster Gedanke? *Falsche Wurst gegessen.* Was der zweite? *Ich finde solche Studien eher schwierig. Man kann sie nicht verallgemeinern, denn es gibt immense Unterschiede bei der Herstellung von Wurstwaren. Wer gutes Fleisch in der richtigen Dosierung zu sich nimmt, muss über solche Szenarien meiner Meinung nach nicht nachdenken.*

➻ Wen würdest du gern einmal bekochen? *Jemanden, der behauptet, nicht gern zu essen. Das werde ich dann ändern!*

➻ Was war das Exotischste, das du je probiert hast? *Seegurke! Speziell.*

➻ Warum kochen zu Hause meist die Frauen, es finden sich aber kaum welche unter den Küchenchefs? *Zu Hause kochen kann der undankbarste Job überhaupt sein, deswegen wird der gerne von den Herren an die Damen abgeschoben (lacht). Nein, Spaß beiseite: Es liegt einfach daran, dass es sehr schwierig ist, eine Kochkarriere mit der Familienplanung unter einen Hut zu bekommen. Deswegen landen häufiger Herren in gastronomischen Spitzenpositionen.*

Der Selfmade-man:

Was er gegen Glotzküche hat und warum Essgewohnheiten keine Rückschlüsse auf den Charakter zulassen

Kochen und Entertainment sind die Leidenschaften des Kaufmanns.

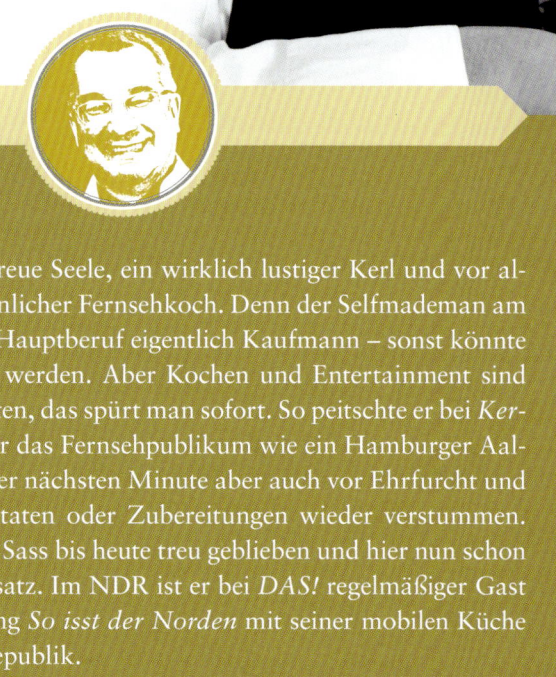

RAINER SASS

R ainer ist eine ganz treue Seele, ein wirklich lustiger Kerl und vor allem ein außergewöhnlicher Fernsehkoch. Denn der Selfmademan am Herd ist nach wie vor im Hauptberuf eigentlich Kaufmann – sonst könnte es ja vielleicht langweilig werden. Aber Kochen und Entertainment sind seine wahren Leidenschaften, das spürt man sofort. So peitschte er bei *Kerners Köche* hin und wieder das Fernsehpublikum wie ein Hamburger Aalverkäufer auf, konnte in der nächsten Minute aber auch vor Ehrfurcht und Begeisterung für tolle Zutaten oder Zubereitungen wieder verstummen. Dem Fernsehen ist Rainer Sass bis heute treu geblieben und hier nun schon seit fast 30 Jahren im Einsatz. Im NDR ist er bei *DAS!* regelmäßiger Gast und bereist für die Sendung *So isst der Norden* mit seiner mobilen Küche den nördlichen Teil der Republik.

AUF EIN PAAR FRAGEN ...

➽ Was ist die prägendste Erinnerung an *Kerners Köche* ? ***Die Köche Wiener, Lafer, Zacherl und Mälzer.***

➽ Was ist für dich die leckerste Kartoffelsorte? ***Linda***

➽ Gibt es eine Kreation, ein Gericht eines Konkurrenten, auf das du neidisch bist? ***Ja, Kartoffelpü aus der Tüte von Tim Mälzer.***

➽ Molekularküche und Co. – was kommt als Nächstes in der Top-Gastronomie? ***Nichts mehr essen, nur anglotzen, freuen und zahlen – Glotzküche! Egal, wie sich die Küche entwickelt, ich hoffe, dass es immer nur um den Geschmack geht und nicht ums Angucken.***

➽ Welches Schulfach würdest du einführen? ***Esskultur***

➽ „Der Verzehr von Wurst kann Krebs auslösen!" – Was war dein erster Gedanke? ***Panikmache. Gezielt Qualität kaufen und maßvoll essen.***

➽ Welche Marotte konntest du in der Küche bis heute nicht ablegen? ***Alles bleibt oft liegen.***

➽ Wen würdest du gern einmal bekochen? ***Herbert Grönemeyer, Götz George, Thomas Gottschalk***

➽ Auf welches Lebensmittel sollten wir aus Gründen der Nachhaltigkeit verzichten? ***Fleisch aus Massentierhaltung – fast nicht möglich.***

➽ Garnelen stehen bei vielen Restaurants als ungleich teurere Scampis auf der Karte – hast du auch schon geschummelt? ***Ich habe kein Restaurant.***

➽ Was war das Exotischste, das du je probiert hast? ***Stinkefisch in Dosen aus Schweden – der Hammer!***

➽ Erinnerst du dich an einen Geschmack/Geruch deiner Kindheit? ***Bohneneintopf, Tomatensauce, Bratwurstbällchen – rieche ich heute noch.***

➽ Was mochtest du als Kind überhaupt nicht? ***Ich habe schon als Kind alles gegessen.***

➽ Warum kochen zuhause meist die Frauen, es finden sich aber kaum welche unter den Küchenchefs? ***Ich finde es schade. Vielleicht ist der Küchenchefberuf nicht unbedingt für Frauen geeignet.***

➽ Was und wie Menschen essen, lässt das Rückschlüsse auf ihren Charakter/Lebensstil zu? ***Jeder hat seinen Charakter und Lebensstil und jeder isst und trinkt anders. Manchmal isst der Angestellte aufwendiger und besser als der Chefarzt, oder umgekehrt. Also nein.***

Eingelegte Birne mit Speck

von **RAINER SASS**

ZUTATEN *für 4 Personen*

ZUTATEN *für 4 Personen*

4	Birnen (z.B. Williams Christ)
4 EL	Obstessig
2 EL	Apfel-Balsamessig (ersatzweise Obstessig)
4½ EL	Walnussöl
30	schwarze Pfefferkörner
100 g	durchwachsener Speck
150 g	Walnusskerne

ZUBEREITUNG

1 *Die Birnen schälen, halbieren, entkernen und mit einem scharfen Messer in feine Fächer schneiden.*

2 *Beide Essigsorten und 4 EL Öl zu einer Marinade anrühren. Die Pfefferkörner im Mörser zerstoßen und unter die Marinade mischen.*

3 *Die gefächerten Birnen in eine flache Auflaufform legen und mit der Marinade begießen. Mindestens 30 Minuten durchziehen lassen, die Birnen dabei einmal wenden.*

4 *Den Speck in sehr feine Streifen schneiden. In einer Pfanne das restliche Öl erhitzen und den Speck darin knusprig braun braten, anschließend auf Küchenpapier abtropfen lassen. Die Walnusskerne hacken und in einer beschichteten Pfanne ohne Fett leicht anrösten.*

5 *Die Birnen aus der Marinade nehmen, Speck und Nüsse darauf verteilen und etwas Marinade darüberträufeln. Nach Belieben mit grob gemahlenem Pfeffer bestreuen.*

Camilla's Cup mit Erdbeeren

von **RAINER SASS**

ZUBEREITUNG

1 Die Orange heiß waschen, trocken reiben und mit dem Zestenreißer oder einem scharfen Messer die Schale in Streifen abziehen. Die Orange halbieren und auspressen.

2 In einem Topf 2 EL Zucker bei mittlerer Hitze karamellisieren lassen. 100 ml frisch gepressten Orangensaft und den Orangen-likör dazugeben und den Karamell unter Rühren auflösen. Die Orangenzesten hin-zufügen und den Orangensirup auf etwa 4 EL einkochen lassen. Den Sirup vom Herd nehmen und abkühlen lassen.

3 Die Erdbeeren waschen und trocken tupfen. 4 schöne Beeren zum Garnieren beiseitelegen, die restlichen Früchte putzen und vierteln oder halbieren. In den Orangensirup geben und etwa 20 Minuten zugedeckt darin ziehen lassen. Die Oran-genzesten entfernen.

4 Den Mascarpone, die Sahne und das Vanillemark mit dem restlichen Zucker in einer Schüssel cremig rühren. Die Biskuits in einen Gefrierbeutel geben und mit dem Nudelholz zerbröseln.

5 Die Hälfte der Mascarponecreme auf Dessertgläser verteilen. Die Hälfte der Brösel darüberstreuen und die marinierten Erdbeeren darauf verteilen. Die restliche Creme auf die Früchte geben und mit den übrigen Bröseln bestreuen. Jeweils mit 1 Erdbeere garniert servieren.

ZUTATEN *für 4 Personen*

1 große	unbehandelte Orange
4 EL	Zucker
2 EL	Orangenlikör (z. B. Grand Marnier)
500 g	Erdbeeren
250 g	Mascarpone
200 g	Sahne
Mark von 1	Vanilleschote
8	Orangenbiskuits (z. B. Duchy Originals Organic Orange Biscuits)

JOHANNES B. KERNER

„Duchy Biscuits werden in Prince Charles' eigenen Bäckereien herge-stellt. Es gibt sie in guten Confise-rien oder übers Internet. Statt der Orangenbiskuits kann man aber auch Amarettini oder Cantuccini verwenden."

121

Der positiv Verrückte:

Was ihn mit Karl Valentin verbindet und warum er eine gute Fee bekochen möchte

Wenn der letzte zufriedene Gast schlafen geht, beginnt für ihn das Sportprogramm.

ALFONS SCHUHBECK

lfons hat mich vom ersten Treffen an absolut begeistert und anfängliche Zweifel, ob ganz Deutschland den Urbayern versteht, haben sich direkt zerstreut. An seinem großartigen Fachwissen teilhaben zu können, war immer ein großer Genuss. In der Küche habe ich von ihm gelernt, bis an die Grenze zu würzen und auch zu riskieren, dass es einmal zu viel ist. Alfons ist ein absolutes Arbeitstier und verrückt im allerpositivsten Sinn. Denn er schaut wirklich jeden Abend in seinen Restaurants vorbei. Und wenn der letzte Gast schlafen gegangen ist, beginnt Alfons sein Training im Fitnessstudio – auch von zwei bis vier Uhr nachts. Der Sternekoch mit dem bayerischen Akzent, der zugleich Koch des FC Bayern München ist, arbeitet auf höchstem Niveau. Und wenn er dies nicht in seinen Restaurants tut, kocht er im Fernsehen. Ein Bayerischer Rundfunk ohne Alfons ist kaum denkbar – dort hat er seit Jahren seinen festen Sendeplatz.

➤➤ Was ist die prägendste Erinnerung an *Kerners Köche*? *Es kam rüber, dass Kochen Freude macht.*

➤➤ Was ist für dich die leckerste Kartoffelsorte? *Die Marzipankartoffel*

➤➤ Molekularküche und Co. – was kommt als Nächstes in der Top-Gastronomie? *Dass die Köche nicht für ihr eigenes Ego, sondern für die Genussfreude der Gäste kochen – schön wär's.*

➤➤ Wann wurdest du zum letzten Mal so richtig abgekocht? *Als das Finanzamt sein Süppchen kochte.*

➤➤ Welches Schulfach würdest du einführen? *Freude am Genuss*

➤➤ „Der Verzehr von Wurst kann Krebs auslösen!" – Was war dein erster Gedanke? *Die meinen ja auch, eine Frau, die täglich mehr als 125 ml oder ein Mann, der mehr als 200 ml Wein trinkt, seien auf dem Weg zum Alkoholiker.* Was der zweite? *Die Verantwortlichen sollten sich lieber darum kümmern, dass erst gar nichts Gefährliches auf den Markt kommt.*

➤➤ Welche Marotte konntest du in der Küche bis heute nicht ablegen? *Mich über junge Köche zu ärgern, die etwas noch Essbares wegwerfen oder die nicht mehr zuhören, weil sie meinen, alles schon zu wissen und zu können.*

➤➤ Wen würdest du gern einmal bekochen? *Die gute Fee, die mich noch einmal von vorne anfangen und allen Schmarrn vermeiden lässt.*

➤➤ Garnelen stehen bei vielen Restaurants als ungleich teurere Scampis auf der Karte – hast du auch schon geschummelt? *Ich halte es mit Karl Valentin: „Mögen hätt ich schon wollen, aber dürfen habe ich mich nicht getraut."*

➤➤ Was war das Exotischste, das du je probiert hast? *Wal-Penis in einem Menü, für das Japaner 1 800 Euro zahlen. Ich war eingeladen.*

➤➤ Schon mal in einem Kochbuch der Mitbewerber abgeschrieben? *Ich muss ja nicht jede Dummheit machen, die man machen kann.*

➤➤ Verrätst du mir ein Rezept in Twitter-Länge? *Tweet 1 (Zutaten): 1) 500 g vorgegarte Maronen, 2) 1 TL Puderzucker, 3) 800 ml Brühe, 4) 200 g Sahne, 5) 3 EL Butter, 6) 10 g Trüffel, Salz, Chilipulver. Tweet 2 (Zubereitung): 2) in Topf, bis hellbraun, 1) und 3) dazu, 20 min. köcheln, bis 1) weich, mit Stabmixer pürieren, 4) und 5) dazu, 6) drüber, würzen*

„Alfons sagt, dass man die Gemüsebrühe auch zum Kochen
von anderen Gerichten weiter-
verwenden kann. Recht hat
er, es wäre ja auch eine
Sünde, 1 Liter da-
von einfach
wegzugießen."

Forelle auf Apfel und Sellerie mit Holunderblütenschaum

von **ALFONS SCHUHBECK**

ZUTATEN *für 4 Personen*

4	Forellenfilets
ca. 5 EL	Butter
1	Sellerieknolle
1080 ml	Gemüsebrühe
5 EL	mildes Olivenöl
2 EL	Rotweinessig
1 TL	scharfer Senf
	Salz · Pfeffer aus der Mühle
	Zucker · Chilipulver
einige Blätter	Frisée- und Feldsalat
1	Apfel
1 TL	Puderzucker
50 ml	Holunderblütensirup
50 ml	Mineralwasser
80 g	saure Sahne
70 g	Crème fraîche
	Cayennepfeffer
1 EL	Zitronensaft

ZUBEREITUNG

1 Den Backofen auf 100 °C vorheizen. Die Forellenfilets waschen und trocken tupfen. In eine mit Butter gefettete ofenfeste Form oder auf ein Backblech legen, mit ofenfester Frischhaltefolie zudecken und im vorgeheizten Backofen auf der mittleren Schiene 10 bis 15 Minuten glasig durchziehen lassen.

2 Den Sellerie putzen und schälen. Von der Knolle 4 große, dünne Scheiben abschneiden und in 1 l Gemüsebrühe bei mittlerer Hitze 8 bis 10 Minuten weich ziehen lassen.

3 Inzwischen 80 ml Brühe mit Olivenöl, Essig und Senf mit dem Stabmixer verrühren. Die Marinade mit Salz, Pfeffer sowie je 1 Prise Zucker und Chili würzen. Den Sellerie aus der Brühe nehmen und abkühlen lassen, dann in die Marinade legen und bis zur Weiterverwendung zugedeckt kühl stellen.

4 Die Salatblätter waschen und trocken schütteln. Den Apfel vierteln, das Kerngehäuse entfernen und die Apfelviertel in Spalten schneiden. In einer Pfanne mit Puderzucker hell karamellisieren und die Apfelspalten darin anbraten. 1 TL Butter dazugeben und schmelzen lassen.

5 Für den Holunderblütenschaum den Holunderblütensirup, Mineralwasser, saure Sahne und Crème fraîche mit dem Stabmixer verrühren. Mit Salz, Cayennepfeffer und Zitronensaft abschmecken und schaumig aufschlagen.

6 In einem kleinen Topf 3 EL Butter langsam erhitzen, bis sie goldbraun ist und ein nussiges Aroma hat. Die Forellenfilets aus dem Backofen nehmen, mit Salz und Pfeffer würzen und mit der braunen Butter bestreichen.

7 Zum Anrichten die Selleriescheiben und die Apfelspalten auf Teller verteilen. Die Forellenfilets darauflegen und etwas Holunderblütenschaum darübergeben. Den Frisée- und Feldsalat mit der Marinade beträufeln und auf die Teller verteilen.

Zitronen-Chili-Backhendl mit Endivien- und Feldsalat

von **ALFONS SCHUHBECK**

ZUBEREITUNG

1 *Salatblätter waschen, trocken schleudern, Endivie in mundgerechte Stücke zupfen.*

2 *Brühe, Joghurt, saure Sahne, Portwein, beide Essige, Sherry, Senf, je 1 TL Salz und Zucker sowie Cayennepfeffer mit dem Stabmixer verrühren, dabei nach und nach alle Ölsorten hinzufügen.*

3 *Hähnchenbrustfilets waschen und trocknen, dritteln und mit Chilisalz würzen. Chilischote längs halbieren, entkernen, waschen und fein schneiden. Eier und Sahne verquirlen. Senf, Zitronenschale, Salz, Pfeffer, Muskat, Chili- und Vanillesalz mischen. Chilistreifen dazugeben und unterrühren. Mehl und Semmelbrösel auf je einen tiefen Teller verteilen. Hähnchenstücke zuerst im Mehl wenden, dann durch die Eimasse ziehen und zuletzt mit den Semmelbröseln panieren, dabei die Panade nicht zu fest andrücken.*

4 *In einer tiefen Pfanne 2 cm hoch Öl erhitzen. Panierte Hähnchenstücke goldbraun backen. Zum Schluss die Butter dazugeben und aufschäumen lassen. Hähnchenstücke aus der Pfanne nehmen und auf Küchenpapier abtropfen lassen. Mit Salz würzen und mit etwas Zitronensaft beträufeln.*

5 *Salatblätter mit dem Dressing mischen und auf Teller verteilen. Gebackene Hähnchenstücke darauf anrichten. Nach Belieben mit Zitronenspalten servieren.*

ZUTATEN *für 4 Personen*

FÜR DEN SALAT UND DAS DRESSING

je 175 g	Endivien- und Feldsalatblätter
60 ml	Gemüsebrühe
je 50 g	Naturjoghurt und saure Sahne
2 EL	weißer Portwein
1–2 EL	Rotweinessig
1 TL	Balsamico bianco
1 TL	Sherry (medium dry)
1 TL	scharfer Senf
	Salz · Zucker
1 Msp.	Cayennepfeffer
je 50 ml	Öl und mildes Olivenöl
1 TL	Walnussöl

FÜR DIE BACKHENDL

4	Hähnchenbrustfilets (à ca. 170 g; ohne Haut) Chilisalz
1	rote Chilischote
2	Eier · 2 TL Sahne
1 EL	Dijon-Senf
1 Msp.	abgeriebene unbehandelte Zitronenschale Salz · Pfeffer aus der Mühle frisch geriebene Muskatnuss · Vanillesalz
50 g	doppelgriffiges Mehl
50 g	Semmelbrösel Öl zum Ausbacken
1 EL	kalte Butter Zitronensaft

127

Fischstäbchen mit Kopfsalat-Pesto

von ALFONS SCHUHBECK

ZUTATEN *für 4 Personen*

ZUBEREITUNG

1 *Für das Pesto Spinat verlesen, waschen und abtropfen lassen, grobe Stiele entfernen. Blätter in kochendem Salzwasser blanchieren, abgießen, kalt abschrecken und abtropfen lassen. Spinatblätter gut ausdrücken, grob zerkleinern und in den Mixer geben.*

2 *Die Butter in einem kleinen Topf langsam erhitzen, bis sie goldbraun ist und ein nussiges Aroma hat. Den Topf vom Herd nehmen, die Butter durch ein mit Küchenpapier ausgelegtes Sieb gießen und abkühlen lassen.*

3 *Die Salatblätter waschen, trocken schleudern und in Streifen schneiden. Den Knoblauch schälen und in Scheiben schneiden. Salatstreifen und Knoblauchscheiben mit Parmesan, Mandeln, Olivenöl und der braunen Butter zum Spinat in den Mixer geben. Mit Zitronensaft und -schale sowie Salz und Pfeffer würzen. Alles zu einem glatten Pesto mixen.*

4 *Für die Fischstäbchen die Zanderfilets waschen, trocken tupfen und etwas kleiner als die Brotscheiben zurechtschneiden. Die Filets auf beiden Seiten mit Salz und Pfeffer würzen und mit Senf bestreichen. Je 1 Fischfilet zwischen 2 Brotscheiben legen und das Brot fest andrücken.*

5 *Die Zanderfilet-„Sandwiches" mit einem scharfen Messer in 2 bis 2½ cm breite*

FÜR DAS PESTO

80 g	Blattspinat
	Salz
4 EL	Butter
80 g	Kopfsalatblätter (oder Kräuterblätter wie Basilikum oder Bärlauch)
½	Knoblauchzehe
1 TL	geriebener Parmesan
1 TL	Mandelblättchen
80 ml	Olivenöl
einige Spritzer	Zitronensaft
1 Msp.	abgeriebene unbehandelte Zitronenschale
	Pfeffer aus der Mühle

FÜR DIE FISCHSTÄBCHEN

4	Zanderfilets (à 150 g)
8 Scheiben	dunkles Brot (hauchdünn geschnitten; vom Vortag)
	Salz
	Pfeffer aus der Mühle
1 EL	Dijon-Senf
4 EL	Olivenöl

Streifen schneiden. Olivenöl in einer Pfanne erhitzen und die Fischstäbchen darin bei mittlerer Hitze auf beiden Seiten insgesamt 4 bis 5 Minuten kross braten. Aus der Pfanne nehmen und auf Küchenpapier abtropfen lassen. Die Fischstäbchen auf Teller verteilen und mit dem Kopfsalat-Pesto servieren.

Fleischpflanzerl
mit Pfifferling-Bohnen-Gemüse

von ALFONS SCHUHBECK

ZUBEREITUNG

1 *Toastbrot entrinden, in Würfel schneiden und in Milch einweichen. Zwiebel schälen und fein würfeln. Butter zerlassen, Zwiebelwürfel darin bei schwacher Hitze glasig dünsten. Petersilie waschen und trocknen, Blätter abzupfen und grob hacken.*

2 *Hackfleisch, Brot, Eier, Zwiebel, Senf, Petersilie und Zitronenschale mischen. Mit Salz, Pfeffer, Majoran und Oregano würzen. Aus der Masse mit angefeuchteten Händen kleine Fleischpflanzerl formen. Öl in einer Pfanne erhitzen und die Pflanzerl darin goldbraun braten. Auf Küchenpapier abtropfen lassen und warm halten.*

3 *Tomaten kreuzweise einritzen, überbrühen, häuten, achteln und entkernen. Pfifferlinge putzen und trocken abreiben. Schalotten und Knoblauch schälen und fein würfeln. Bohnen putzen, waschen, schräg in 1 cm breite Stücke schneiden. In Salzwasser bissfest blanchieren. Abgießen, kalt abschrecken und abtropfen lassen.*

4 *Öl in einer Pfanne erhitzen. Schalottenwürfel glasig dünsten. Pfifferlinge, Knoblauch und Zitronenschale 2 Minuten mitbraten. Bohnen dazugeben, Brühe angießen, mit 1 Prise Bohnenkraut würzen. Tomaten hinzufügen, Butter unterrühren. Mit Salz und Pfeffer würzen, Zitronenschale wieder entfernen. Gemüse und Fleischpflanzerl anrichten und nach Belieben mit Petersilie garnieren.*

ZUTATEN *für 4 Personen*

FÜR DIE FLEISCHPFLANZERL

80 g	Toastbrot
80 ml	Milch
1	Zwiebel
1 EL	Butter
½ Bund	Petersilie
je 250 g	Kalbs- und Schweinehackfleisch
2	Eier (verquirlt)
2 EL	scharfer Senf
	abgeriebene Schale von ½ unbehandelten Zitrone
	Salz
	Pfeffer aus der Mühle
je 1 Prise	getrockneter Majoran und Oregano
3 EL	Öl

FÜR DAS GEMÜSE

3	Tomaten
200 g	Pfifferlinge
2	Schalotten
1	Knoblauchzehe
100 g	breite grüne Bohnen
	Salz
1–2 TL	Öl
1	Streifen unbehandelte Zitronenschale
50 ml	Geflügelbrühe
	getrocknetes Bohnenkraut
1 EL	kalte Butter
	Pfeffer aus der Mühle

131

Der Schweizer mit der roten Kappe:

Was der Geschmack seiner Kindheit ist und an welche Telefonanrufe er sich gern erinnert

Studi war bereits ein „alter Fernsehhase", als er das erste Mal in die Sendung kam.

Andreas C. Studer

ANDREAS C. STUDER

Andreas, meist nur „Studi" genannt, hat bei *Kerners Köche* die gesamte Schweizer Küche auf den Teller gebracht – vom Rösti bis zum Zürcher Geschnetzelten. Er beherrscht seine Schweizer Heimatküche so gut, wie er die Einflüsse seiner Stationen in Mexiko und San Francisco in seine Gerichte einfließen lässt. Das hat ihn für die Sendung zu einem sehr wichtigen Mitglied gemacht. Studis absolutes Erkennungszeichen ist und bleibt die rote Baseballmütze, die er nach wie vor verkehrt herum trägt. Als er das erste Mal zu mir in die Sendung kam, war er im Showgeschäft bereits ein „alter Hase", denn schon 1997 hatte er das erste Mal vor einer TV-Kamera gestanden. Im deutschen Fernsehen schaut er aktuell immer wieder bei der *Küchenschlacht* (ZDF) vorbei, im Schweizer Fernsehen ist er bei *LandLiebe TV* (SAT.1 Schweiz) zu sehen.

➼ Was ist die prägendste Erinnerung an *Kerners Köche* ? *Nach meiner ersten Sendung war ich in Hamburg shoppen. Da klingelte das Telefon: „Studi, wann kannst du wieder?", war die schöne Nachricht.*

➼ Was ist für dich die leckerste Kartoffelsorte? *Charlotte*

➼ Gibt es eine Kreation, ein Gericht eines Konkurrenten, auf das du neidisch bist? *Neidisch nicht, aber beeindruckt von Fonsis (Anm. d. Red.: Alfons Schuhbecks) geeistem Kaiserschmarrn war ich schon.*

➼ Molekularküche und Co. – was kommt als Nächstes in der Top-Gastronomie? *Kräuterküche*

➼ Welches Schulfach würdest du einführen? *Kochen ab Klasse Fünf als Pflichtfach. Zum Jahresabschluss je ein Essen der Klasse für Bedürftige.*

➼ „Der Verzehr von Wurst kann Krebs auslösen!" – Was war dein erster Gedanke? *Der Verzehr von Apfelkernen kann tödlich sein. Da ist Blausäure drin. 2 kg pro Tag reichen. Schwachsinn halt.*

➼ Welche Marotte konntest du in der Küche bis heute nicht ablegen? *Das Mise en place – also das genaue Vorbereiten des Arbeitsplatzes vor dem Kochen – immer doppelt zu kontrollieren. Das ist halb gekocht.*

➼ Wen würdest du gern einmal bekochen? *Eine syrische Flüchtlings-familie, die es bitter nötig hat.*

➼ Was war das Exotischste, das du je probiert hast? *Stinkfrucht – gleichzeitig auch das Ekeligste.*

➼ Erinnerst du dich an einen Geschmack/Geruch deiner Kindheit? *Oh ja! Wenn meine Mutter am Samstag einen Butter-Hefezopf für Sonntag gebacken hatte, duftete das ganze Haus einfach unwidersteh-lich. Das vermisse ich!*

➼ Was mochtest du als Kind überhaupt nicht? *Blattspinat. Igitt!*

➼ Hast du schon mal ein ganzes Menü versemmelt? *Nein, aber einmal Vanilleeis versalzen für ein Bankett von 150 Gästen. Und im letzten Moment erst bemerkt ...*

➼ Was und wie Menschen essen, lässt das Rückschlüsse auf ihren Charakter/Lebensstil zu? *Nein, absolut nicht.*

Toblerone-Mousse mit Mango-Maracuja-Chili

von ANDREAS C. STUDER

ZUBEREITUNG

1 *Toblerone und Schokolade grob hacken und in einer Schüssel im heißen Wasserbad unter Rühren schmelzen lassen. Baileys und 2 EL Wasser hinzufügen. Toblerone-Schoko-Masse kurz abkühlen lassen. Schokoladenmasse unter die Sahne heben. Mousse zugedeckt 1 Stunde kühl stellen.*

2 *Backofen auf 200 °C vorheizen. Ein Backblech mit Backpapier auslegen. Blätterteig auf der Arbeitsfläche auslegen und in 8 bis 10 Rauten schneiden. Teigrauten auf das Blech setzen, mit dem braunen Zucker bestreuen und im heißen Ofen auf der mittleren Schiene 12 Minuten backen. Herausnehmen und auf dem Kuchengitter abkühlen lassen.*

3 *Weiße und dunkle Kuvertüre jeweils in einer Schüssel im heißen Wasserbad schmelzen lassen. Mit einem breiten Pinsel je einen hellen und einen dunklen dicken Kuvertürestreifen auf vier Teller streichen, restliche Kuvertüre ebenfalls mit einem Pinsel als dünne Streifen auf Backpapier streichen und kühl stellen.*

4 *Mango schälen, Fruchtfleisch in breiten Streifen vom Stein und anschließend in kleine Würfel schneiden. Maracujas halbieren, das Mark mit einem Löffel herauslösen und mit den Mangowürfeln in eine Schüssel geben. Pfefferminze waschen und trocknen. Blätter abzupfen. Chilischote längs halbieren, entkernen, waschen, klein*

ZUTATEN *für 4 Personen*

100 g	Toblerone
50 g	Zartbitterschokolade (70 % Kakaoanteil)
2 EL	Baileys (Whiskey-Cremelikör)
200 g	Sahne (steif geschlagen)
2 Platten	Blätterteig (aus dem Kühlregal)
2 EL	brauner Zucker
je 25 g	weiße und dunkle Kuvertüre
1	Mango
2	Maracujas
½ Bund	Pfefferminze
1	Thai-Chilischote
	Saft von 1 Limette
2 EL	Ahornsirup

schneiden und mit der Minze im Mörser zerstoßen. Limettensaft und Ahornsirup unterrühren. 1 EL Minzpesto zur Mango-Maracuja-Mischung geben, den Rest beiseitestellen.

5 *Zum Anrichten jeweils 1 Blätterteigteilchen auf die Teller geben, von der Mousse Nocken abstechen, auf die Blätterteigteilchen setzen und ein zweites Blätterteigteilchen anlegen. Die Mango-Maracuja-Sauce darum herum verteilen. Die erkalteten Schokostreifen vom Backpapier abziehen, das Dessert damit verzieren und mit dem restlichen Minzpesto garnieren.*

Die Frau mit Cook-Appeal:

Woran sie bei *Kerners Köche* als Erstes denkt und warum so wenige Frauen Küchenchefs sind

Sie war in jeder Sendung, für die sie Zeit fand, eine Bereicherung.

SARAH WIENER

S arah ist eine tolle Frau, leidenschaftliche Köchin, kluge Geschäftsfrau und treue Seele. Bei *Kerners Köche* hat sie ihre Urteile ungeschönt gefällt, zum Beispiel, wenn etwas nicht genügend gewürzt war. Denn Sarah mag Salz! In der Sendung hatte sie einen festen Platz, denn für mich machte sie mit ihrer Ausstrahlung – ihrem Cook-Appeal – in der Männerdomäne einen besonderen Reiz aus. Der Fokus der Österreicherin liegt auf den Themen „Nachhaltigkeit" und „Ökologie". 2012 hat sie eine Holzofenbäckerei eröffnet, dazu kam ein eigener Biohof in Brandenburg. Sarah Wieners Engagement für gesunde Ernährung manifestiert sich darüber hinaus in ihrer gleichnamigen Stiftung, mit der sie sich für das Wohl von Kindern durch gesunde Ernährung einsetzt.

➺ Was ist die prägendste Erinnerung an *Kerners Köche* ? *Besonders die erste Sendung und Tims Tütenpüree, das mich fassungslos gemacht hat. Und Rainer, der nur mit Champagner zu bremsen war … Oh Mann, und meine erste Torte, die einfach nicht fertig werden wollte.*

➺ Was ist der größte Fehler, den Zuschauer von Kochshows bei der Umsetzung des Gesehenen machen? *Sie vergessen, dass Profis viel schneller arbeiten können. Es ist auch einfacher, wenn alles schon vor einem abgewogen und gewaschen dasteht, als beim Auspacken anzufangen.*

➺ Molekularküche & Co. – was kommt als Nächstes in der Top-Gastronomie? *Meine absolute Lieblingsküche: die erneuerte bodenständige regionale Küche, wo man auf dem Teller wiedererkennt, was man isst.*

➺ Welches Schulfach würdest du einführen? *Natürlich Kochen – genau das, was meine Stiftung seit 2008 macht.*

➺ „Der Verzehr von Wurst kann Krebs auslösen!" – Was war dein erster Gedanke? *Alter Hut. Das weiß man schon lange. Die Dosis macht das Gift.* Was der zweite? *Fleisch ist nicht gleich Fleisch. Aber am Ende interessiert es den Verbraucher erst, wenn er krank wird.*

➺ Welche Marotte konntest du in der Küche bis heute nicht ablegen? *Rückfrage: Welche Marotte habe ich nicht in der Küche?! Unordnung. Nur unbehandeltes Salz zu nehmen. Und Holzbretter … Und eine Schürze zu tragen. Und meist ein bisschen von jedem übrig zu lassen, es könnte ja noch wer kommen. Und Zitrone statt Essig zu nehmen …*

➺ Wen würdest du gern einmal bekochen? *Clooney ist ja nun vergeben. Also nehme ich Familie Gates. Mit denen würde ich mich gern über die Vergabe ihrer Stiftungsgelder unterhalten und über deren Einsatz.*

➺ Was war das Exotischste, das du je probiert hast? *In Asien habe ich ein paar Dinge gegessen, von denen ich nicht einmal weiß, was es war. Manches stank wie Hölle.*

➺ Erinnerst du dich an einen Geschmack/Geruch deiner Kindheit? *Zimt auf dem Grießbrei. Das Waschmittel meiner Oma und das Bienenwachs, mit dem meine Mutter gearbeitet hat.*

➺ Warum kochen zu Hause meist die Frauen, es finden sich aber kaum welche unter den Küchenchefs? *It's a man's world … Warum gibt's überhaupt so wenige Frauen in Führungspositionen? Am Können liegt es sicher nicht …*

Tiroler Speckknödel mit Pilzgulasch

 **von SARAH WIENER**

ZUBEREITUNG

1 *Speck, Brötchen und geschälte Schalotten fein würfeln. Petersilie und Schnittlauch waschen und trocknen. Petersilienblätter abzupfen und grob hacken, Schnittlauch fein schneiden.*

2 *In einer Pfanne 30 g Butter zerlassen, Speck- und Schalottenwürfel darin anbraten. Brötchenwürfel und Petersilie dazugeben und mit anrösten. Alles in eine große Schüssel geben. Milch, Eier, Meersalz und Pfeffer verquirlen und über die Brötchen-Speck-Masse gießen. Mehl untermischen. Aus der Masse mit angefeuchteten Händen Knödel formen.*

3 *Knödel in reichlich Salzwasser bei schwacher Hitze 10 bis 15 Minuten gar ziehen lassen. Restliche Butter in einer Pfanne zerlassen, Schnittlauch dazugeben. Knödel abtropfen lassen und in der Schnittlauchbutter schwenken.*

4 *Pilze putzen, trocken abreiben und in dünne Scheiben schneiden. Zwiebeln schälen und in kleine Würfel schneiden. Majoran waschen und trocknen, Blätter von den Zweigen zupfen und fein hacken.*

5 *Zwiebeln in Butter glasig dünsten. Pilze mitdünsten, bis die Flüssigkeit verdampft ist. Mit Salz, Pfeffer, Paprika, Cayennepfeffer und Majoran abschmecken. Sahne und Parmesan dazugeben. Das Pilzgulasch mit den Knödeln auf tiefen Tellern anrichten.*

ZUTATEN *für 4 Personen*

FÜR DIE SPECKKNÖDEL

250 g	Tiroler Bauernspeck
6	Brötchen (vom Vortag)
2	Schalotten
1 Bund	Petersilie
1 Bund	Schnittlauch
ca. 60 g	Butter
¼ l	Milch
2	Eier
	Meersalz aus der Mühle
	Pfeffer aus der Mühle
60 g	Mehl · Salz

FÜR DAS PILZGULASCH

600 g	gemischte Pilze (Pfifferlinge, Austernpilze, Steinpilze)
ca. 200 g	Zwiebeln
3–4 Zweige	Majoran
2 EL	Butter
	Meersalz aus der Mühle
	Pfeffer aus der Mühle
2 TL	Paprikapulver (edelsüß)
1 Msp.	Cayennepfeffer
ca. 150 g	Sahne
4 EL	geriebener Parmesan

 **JOHANNES B. KERNER**

„Man kann für die Knödel statt Speck auch Bratenreste nehmen."

Steinbeißerfilet im Bananenblatt

 von SARAH WIENER

ZUBEREITUNG

1 Das Zitronengras putzen und waschen. Die Chilischote längs halbieren, entkernen und waschen. Knoblauch und Ingwer schälen. Alles in kleine Würfel schneiden und in eine Schüssel geben. Fischsauce, Limettensaft und -schale, Sojasauce, Kokosmilch und Öl untermischen.

2 Das Steinbeißerfilet waschen, trocknen und in 4 bis 6 cm große Streifen schneiden. In die Marinade einlegen und 10 bis 20 Minuten darin ziehen lassen.

3 Den Koriander waschen, trocken schütteln und samt Stielen fein hacken. Chilischote längs halbieren, entkernen, waschen und in kleine Würfel schneiden. Chili und Koriander mit beiden Ölsorten, Sesamsamen, Limettensaft und Fischsauce verrühren. Mit Salz würzen. Die Sauce nach Belieben mit dem Stabmixer pürieren. Den Backofen auf 190 °C vorheizen.

4 Die Bananenblätter waschen, trocknen und quer in etwa 22 cm breite Streifen schneiden. Die Fischstücke aus der Marinade nehmen und leicht abtropfen lassen. Jeweils auf die Blätter legen, Seiten einschlagen und Blätter zu Päckchen wickeln, mit Zahnstochern feststecken. Die Fischpäckchen im vorgeheizten Ofen auf der mittleren Schiene etwa 15 Minuten garen. Die Sauce noch einmal abschmecken und zu den Fischpäckchen servieren.

ZUTATEN *für 4 Personen*

FÜR DAS STEINBEISSERFILET

½ Stange	Zitronengras
1	Chilischote
2	Knoblauchzehen
15 g	Ingwer
2–3 EL	Fischsauce
3–4 EL	Limettensaft
	abgeriebene Schale von ½ unbehandelten Limette
3 EL	Sojasauce
½ l	ungesüßte Kokosmilch (aus der Dose)
4 EL	Pflanzenöl
ca. 1 kg	Steinbeißerfilet

FÜR DIE SAUCE

1 Bund	Koriander
1	rote Chilischote
3–4 EL	Olivenöl (oder Rapsöl)
3 EL	dunkles Sesamöl
3 EL	weiße Sesamsamen
6–8 EL	Limettensaft
1 EL	Fischsauce · Salz
2	große Bananenblätter (aus dem Asialaden)

 JOHANNES B. KERNER

„Wenn man die Bananenblätter 1 Minute in eine heiße Pfanne legt, sind sie flexibler und lassen sich leichter verarbeiten."

141

Himbeer-Grieß-Törtchen
mit Apfel-Basilikum-Salsa

von SARAH WIENER

ZUBEREITUNG

1 *Backofen auf 190 °C vorheizen. Tortelette-*
förmchen (à 9 bis 10 cm Ø) einfetten. Aus
dem Blätterteig etwas größere Kreise als
die Torteletteförmchen ausstechen.
Die Förmchen mit Teigkreisen auslegen,
den Boden mit einer Gabel mehrmals
einstechen. In Größe der Förmchen
Backpapierkreise ausschneiden und den
Teig damit belegen. Hülsenfrüchte darauf
verteilen. Den Teig im heißen Ofen
12 bis 15 Minuten blind backen. Förm-
chen herausnehmen, Papier und Hülsen-
früchte entfernen, Teigböden aus den
Förmchen nehmen und auf einem Kuchen-
gitter abkühlen lassen.

2 *Für die Füllung Kokosmilch, Butter,*
Zucker, 1 Prise Salz und Vanillemark
aufkochen. Grieß unterrühren, einmal
aufkochen und abkühlen lassen. Rum
unterrühren, Sahne steif schlagen und
unterheben. Masse in einen Spritzbeutel
mit großer Lochtülle füllen und in die
Blätterteigförmchen spritzen.

3 *Himbeeren verlesen, waschen, trocknen*
und auf den Törtchen verteilen. Konfitüre
erwärmen und mit Orangensaft glatt rüh-
ren. Himbeeren damit bestreichen.

4 *Äpfel waschen, trocknen, vierteln und ent-*
kernen. Basilikumblätter waschen und mit
Äpfeln, Pinienkernen, Zitronensaft und
Zucker im Blitzhacker grob zerhacken.
Die Apfel-Basilikum-Salsa dazu reichen.

ZUTATEN *für 6–8 Personen*

FÜR DIE HIMBEER-GRIESS-TÖRTCHEN

450 g	Blätterteig (Fertigpro-dukt aus dem Tiefkühl-regal; aufgetaut)
	Fett für die Förmchen
1 Päckchen	Hülsenfrüchte (Linsen und Bohnen) zum Blindbacken
¼ l	ungesüßte Kokosmilch (aus der Dose)
1 EL	Butter
3 EL	brauner Zucker
	Salz
	Mark von ½ Vanille-schote
4 EL	Grieß
3 EL	Rum
150 g	Sahne
300 g	Himbeeren
8 EL	Kumquat- oder Himbeerkonfitüre
1–2 EL	Orangensaft

FÜR DIE APFEL-BASILIKUM-SALSA

2	säuerliche Äpfel (z.B. Granny Smith)
1 Handvoll	Basilikumblätter
2 EL	Pinienkerne
1 EL	Zitronensaft
2 EL	brauner Zucker

143

Der großartige Handwerker:

Warum er Grata liebt und was der Duft von Erdbeermarmelade für ihn bedeutet

Obwohl er allen Grund dazu hätte, macht Ralf nie auf dicke Hose.

RALF ZACHERL

Ralf ist wirklich ein super Typ, der nie auf dicke Hose macht. Obwohl er allen Grund dazu hätte: Denn er ist mit damals 26 Jahren der jüngste deutsche Sternekoch aller Zeiten geworden. Egal, was er kocht, Ralf tut das durchweg auf himalajahohem Niveau. In der Sendung hat er uns immer wieder mit seinen ganz eigenen Nachtischen, wie zum Beispiel mit dem Lavendel-Kirsch-Tiramisu auf Seite 148/149 in diesem Buch, überrascht und kulinarisch verführt. Anstatt im eigenen Restaurant zu kochen, geht Ralf heute lieber auf Reisen und bekocht Menschen im In- und Ausland. Ganz großartig finde ich es, dass er neben der Arbeit immer noch die Zeit findet, sich für den Kölner Verein *wünschdirwas* zu engagieren, der Herzenswünsche schwer erkrankter Kinder und Jugendlicher erfüllt.

➼ Was ist die prägendste Erinnerung an *Kerners Köche* ? *Horst Lichters Satz zu Sarah Wiener „Das ist der Beweis, dass schlechtes Essen auch oft schlecht aussieht!" in einer der Weihnachtssendungen.*

➼ Was ist für dich die leckerste Kartoffelsorte? *Grata, mittelfrühe Sorte, vorwiegend festkochend, eine Allrounderin mit kräftigem Geschmack.*

➼ Wann wurdest du zum letzten Mal so richtig abgekocht? *Von meinem Fliesenleger, der mich echt über den Tisch gezogen hat, war teuer und sieht mies aus. Jetzt weiß ich, woher der Begriff „Nasszelle" kommt.*

➼ Welches Schulfach würdest du einführen? *Ganz klar: Praktisch Kochen und Lebensmittelkunde.*

➼ „Der Verzehr von Wurst kann Krebs auslösen!" – Was war dein erster Gedanke? *Ist nicht neu und die Dosis macht das Gift.*

➼ Welche Marotte konntest du in der Küche bis heute nicht ablegen? *Die Hände an der Schürze abzuwischen.*

➼ Wen würdest du gern einmal bekochen? *Puh. Das wurde ich schon so oft gefragt und weiß es immer noch nicht. Keine spezielle Person.*

➼ Auf welches Lebensmittel sollten wir aus Gründen der Nachhaltigkeit verzichten? *Thunfisch und Hai-Produkte. Denn wenn wir so weitermachen, sind diese tollen Tiere bald ganz verschwunden.*

➼ Was sollte man Minimum für ein gutes Kochmesser ausgeben? *Ich denke, das startet bei 60–70 Euro.*

➼ Was war das Exotischste, das du je probiert hast? *Lammhoden und Skorpion*

➼ Erinnerst du dich an einen Geschmack/Geruch deiner Kindheit? *Wenn ich vom Kindergarten heimkam und Oma Erdbeermarmelade gekocht hatte – der Geruch ist immer noch ganz präsent.*

➼ Was mochtest du als Kind überhaupt nicht? *Alle Innereien und Käse, damit konnte man mich jagen.*

➼ Hast du schon einmal ein ganzes Menü versemmelt? *Leider ja, ist aber zum Glück schon zwölf Jahre her (auf einem Kreuzfahrtschiff), wobei es zum größten Teil Serviceprobleme waren.*

➼ Warum kochen zu Hause meist die Frauen, es finden sich aber kaum welche unter den Küchenchefs? *Frauen sind zu schlau, um sich das anzutun ... (grinst).*

Beschwipstes Huhn auf Reisen mit Orangen-Tomaten-Gemüse

von **RALF ZACHERL**

ZUTATEN *für 4 Personen*

3	Zwiebeln
2	Knoblauchzehen
400 g	Kirschtomaten
12	Hähnchenunterkeulen (mit Haut)
½ Bund	Zitronenthymian
	Salz
	Pfeffer aus der Mühle
	Mehl zum Wenden
5–6 EL	Olivenöl
100 ml	Gin
2	unbehandelte Orangen
1 TL	Honig
	Tabasco
6	Scheiben Graubrot

ZUBEREITUNG

1 *Zwiebeln und Knoblauch schälen und in feine Scheiben schneiden. Tomaten waschen und halbieren.*

2 *Hähnchenkeulen und Thymian waschen und trocknen. Knochenenden mit einem kleinen Messer putzen. Je 1 Zweig unter die Haut stecken. Keulen salzen, pfeffern und in Mehl wenden. Backofen auf 200 °C vorheizen.*

3 *In einer Pfanne 2 bis 3 EL Öl erhitzen. Hähnchenkeulen rundum bei mittlerer Hitze anbraten. Herausnehmen. Zwiebeln in die Pfanne geben und hellbraun braten. Restlichen Zitronenthymian und Knoblauch kurz mitbraten. Nach 2 Minuten die Kirschtomaten dazugeben. Mit Gin ablöschen und vom Herd nehmen. Orangen heiß waschen und trocknen. Schale fein abreiben, Früchte halbieren und auspressen. Gemüse mit Orangenschale und -saft, Salz, Pfeffer, Honig und Tabasco abschmecken.*

4 *Tomatengemüse samt Flüssigkeit in einen Bräter geben, Hähnchen darauf verteilen und zugedeckt im heißen Ofen auf der mittleren Schiene etwa 20 Minuten garen.*

5 *In der Zwischenzeit das Graubrot in breite Streifen schneiden. Restliches Olivenöl in einer Pfanne erhitzen und die Brotstreifen darin kross braten. Auf Küchenpapier abtropfen lassen. Die Hähnchenkeulen mit dem Gemüse und den Brotstreifen servieren.*

Lavendel-Kirsch-Tiramisu
im Weckglas

von RALF ZACHERL

ZUTATEN *für 6 Personen*

300 g Sauerkirschen
(aus dem Glas; oder
frische entsteinte
Kirschen und 200 ml
Kirschsaft)
  1 unbehandelte Orange
1 EL Zucker
1 TL Speisestärke
1 Blatt Gelatine
  4 Eigelb
100 g Puderzucker
100 g Sahne
1–2 EL unbehandelte Lavendelblüten
400 g Mascarpone
200 g Löffelbiskuits
¼ l kalter Espresso
2–4 EL Kaffeelikör

ZUBEREITUNG

1 Die Kirschen in einem Sieb abtropfen lassen, dabei den Saft auffangen. Die Orange
heiß waschen, trocken reiben und die
Schale fein abreiben. Die Orange halbieren
und den Saft auspressen. Den Zucker in
einem Topf hell karamellisieren lassen. Die
Kirschen hinzufügen, den Kirsch- und den
Orangensaft dazugießen.

2 Die Stärke mit etwas kaltem Wasser anrühren, zu den Kirschen geben und alles
aufkochen lassen. Die Kirschen auf
6 Weckgläser (à 220 ml Inhalt) verteilen
und kühl stellen. Die Gelatine in einer kleinen Schüssel in kaltem Wasser einweichen.

3 Die Eigelbe mit dem Puderzucker und der
Orangenschale in einer Metallschüssel im
heißen Wasserbad cremig aufschlagen. Die
Gelatine ausdrücken und in der warmen
Eigelbmasse auflösen.

4 Die Sahne steif schlagen. Die Lavendelblüten und den Mascarpone nach und
nach unter die Eigelbmasse rühren, dann
die Sahne vorsichtig unterheben. Die Löffelbiskuits auf den Kirschen in den Gläsern
verteilen.

5 Den Espresso mit dem Kaffeelikör verrühren und die Löffelbiskuits mit der Mi-
schung beträufeln. Die Mascarponecreme
darüber verteilen und das Tiramisu mindestens 2 bis 3 Stunden kühl stellen. Kurz
vor dem Servieren nach Belieben durch
ein feines Sieb mit Kakaopulver bestäuben
oder mit Lavendelblüten garnieren.

JOHANNES B. KERNER

„Das Tiramisu ist ideal für ein
Picknick: Die Weckgläser 1 Stunde
vor Aufbruch im Tiefkühlfach
anfrieren, dann ab in die Kühlta-
sche und sich im Grünen auf den
Nachtisch freuen."

Danksagung

In 123 Sendungen durfte ich neben herausragenden Handwerkern, besonderen Kochkünstlern in Hamburg in einem Studio stehen und daran teilhaben, wie sie ihr Fachwissen und ihre Kreativität dazu einsetzten, tolles Essen zuzubereiten. Für viele Zuschauer, fast zwei Millionen schalteten zu sehr später Stunde Woche für Woche ein, war es so etwas wie das perfekte Entree ins Wochenende. Auf einem Wochenmarkt in Hamburg sprach mich einmal ein Paar an: „Wir gucken jeden Freitag. Wirklich jeden. Und wenn wir es mal nicht schaffen, weil wir irgendwo eingeladen sind oder es mal wieder zu spät wird, dann nehmen wir die Sendung auf. Aber wenn wir live am Schirm dabei sind, schreiben wir sofort unsere ein, zwei Lieblingsrezepte mit, machen einen Einkaufszettel und kochen direkt am Samstagabend nach. Deswegen sind wir auch hier auf dem Markt." So musste es sein. Perfekt. Und klar: Bei weitem schmeckte mir nicht alles, was ich probieren durfte. Natürlich gelang nicht alles so, wie es sollte. Aber eines war im Studio immer anwesend: die Leidenschaft für das, was die Küchen-Künstler und Herd-Handwerker für das Publikum, aber eben auch für sich selbst kreierten. Wenn es nur ein wenig gelang, dass sich die Zuschauer dazu inspiriert fühlten, wieder einmal auf den Wochenmarkt zu gehen und selbst zu kochen, dann war das schon mehr als genug. Fernsehen kann man nicht riechen. Aber den einzigartigen Geruch dieser Sendung werde ich immer wieder in der Nase haben. Dass es darüber hinaus bis heute zwischen so vielen Platzhirschen und -rehen einen Zusammenhalt gibt, freut mich sehr. Und der Beweis, wie viele unterschiedliche und einzigartig begnadete Köchinnen und Köche sich für dieses Buch noch einmal zusammengetan haben, um viele Fragen zur Sendung, ihrem Leben und aktuellen Diskussionen der Esskultur zu beantworten, ehrt mich sehr. Nie zuvor und auch nicht später hat das Rückenleiden eines der größten Filmstars der Welt zu so viel Kreativität und Lebensfreude geführt.

Dafür bedanke ich mich bei jedem einzelnen Koch, jedem Teammitglied im Hintergrund, dem ZDF, dem ZS Verlag und denen, die bei mir zu Hause manchmal auch Dinge serviert bekommen, die nicht jederfraus und -kinds Geschmack sind. Man sagt: Viele Köche verderben den Brei. Ich bin vom Gegenteil überzeugt.

NAMENSVERZEICHNIS

(*kursiv* gesetzte Seitenzahlen markieren Abbildungen, **fett** gesetzte Seitenzahlen markieren Rezepte)

151

Anmerkungen Seite 25
1 Der Spiegel, 13/2009, S. 158.
2 ebenda.

BILDNACHWEIS

Porträts Johannes B. Kerner
Melanie Grande: Umschlag, 5, 7 unten rechts, 8, 18, 22 oben links, 23 unten rechts,
24, 32, 38, 44, 48, 54

Porträts Köche
Stefan Braun *(Porträt Alfons Schuhbeck)*: 61 unten Mitte, 124
Olaf Gollnek *(Porträt Rainer Sass)*: 61 oben links, 116
Kolja Kleeberg *(Porträt Kolja Kleeberg)*: 60 Mitte Mitte, 72
Koch IQ GmbH/Derek Henthorn *(Porträt Alexander Herrmann)*: 61 unten rechts, 66
Jörg Lehmann *(Porträt Christian Lohse aus „Lohses Mundwerk",
Neuer Umschau Buchverlag)*: 60 Mitte links, 104
Frank Meyer *(Porträt Tim Mälzer)*: 61 Mitte, 106
Nelson Müller *(Porträt Nelson Müller)*: 60, 110
Fang-Yin Nan *(Porträt Andreas C. Studer)*: 61 oben rechts, 132
Maryam Schindler *(Porträt Lea Linster)*: 60 unten links, 98
Dirk Schmidt *(Porträts Johann Lafer/Horst Lichter)*: 60 oben rechts, 60 Mitte rechts,
84, 94
Ricarda Spiegel *(Porträts Mario Kotaska/Ralf Zacherl)*: 60 oben Mitte, 60 unten
rechts, 78, 144
www.studiolassen.de *(Porträt Cornelia Poletto)*: 61 oben Mitte, 114
Sarah Wiener GmbH *(Porträt Sarah Wiener)*: 61 unten links, 136

Setfotos
Wolfgang Lehmann (Setfotos): 8, 9 (außer unten rechts), 10, 13, 16/17, 22 (alle außer
oben links), 23 (außer unten rechts), 29, 31, 34, 41, 42, 46, 53, 60 oben
links, 62, 69, 77, 89, 147

Rezeptfotos
Jan-Peter Westermann: 68, 72, 74, 76, 80, 82, 86, 88, 90, 92, 96, 100, 104, 108, 112,
118, 120, 124, 126, 128, 130, 134, 138, 140, 142, 146, 148

Sonstiges
ullstein bild: 19

Der Verlag hat sich nach Kräften bemüht, die erforderlichen
Reproduktionsrechte für alle Abbildungen einzuholen. Für den Fall,
dass etwas übersehen wurde, bitten wir um entsprechenden Hinweis.

BUCHEMPFEHLUNGEN

Kolja Kleeberg:
Kolja kocht.
Raffiniert. Kreativ.
Köstlich, Südwest
Verlag, ISBN 978-3-
5170-9411-3

Horst Lichter:
Die Lust am Kochen!
Da ist sie wieder!
Rezepte zum Nie-
derknien, Gräfe und
Unzer Verlag, ISBN
978-3-8338-4540-6

Johann Lafer:
Meine besten Grill-
rezepte, Gräfe und
Unzer Verlag, ISBN
978-3-8338-4651-9

Lea Linster:
Wein muss rein! Be-
rauschende Rezepte,
ars vivendi verlag,
ISBN 978-3-8691-
3589-2

Christian Lohse:
Lohses Mundwerk.
Suppen & Eintöpfe,
Neuer Umschau
Buchverlag, ISBN
978-3-8652-8695-6

Tim Mälzer:
Heimat. Kochbuch,
Mosaik Verlag, ISBN
978-3-4423-9274-2

Nelson Müller:
Öfter vegetarisch,
DK Verlag, ISBN
978-3-8310-2987-7
(ab März 2016)

Rainer Sass:
Der dicke Rainer.
So isst der Norden,
ZS Verlag, ISBN 978-
3-8988-3479-7

Alfons Schuhbeck:
Schuhbecks Welt der
Kräuter & Gewürze,
ZS Verlag, ISBN
978-3-8988-3499-5

Andreas C. Studer:
Meine Schweizer
Kühe. My Swiss cows.
Mes vaches Suisses,
Benteli (CH), ISBN
978-3-7165-1728-4

Sarah Wiener:
Sarahs Kochbuch für
das ganze Jahr, Gräfe
und Unzer Verlag,
ISBN 978-3-8338-
3439-4